T0270269

PEPE CEREZO

Deconstruyendo los medios

Cómo adaptar las empresas de comunicación al entorno digital

Prólogo de
María Sánchez Díez

𝓟

ALMUZARA

Editorial Almuzara • Manuales de Economía y Empresa

Director editorial: Antonio E. Cuesta López
Editora: Ángeles López
Maquetación: Joaquín Treviño

www.editorialalmuzara.com
pedidos@editorialalmuzara.com - info@editorialalmuzara.com

Imprime: Kadmos

ISBN: 978-84-17828-94-3
Depósito Legal: CO-703-2022
Hecho e impreso en España - *Made and printed in Spain*

ÍNDICE

PRÓLOGO DE
MARÍA SÁNCHEZ DÍEZ

Editora senior de narrativas digitales
en *The New York Times*

Escribía Enric González en su fabuloso *Historias de Nueva York* que «cuando en Nueva York son las tres de la tarde, en Europa son las nueve de diez años antes». Como inmigrante en Estados Unidos huyo de cualquier cosa que suene a excepcionalismo norteamericano; como periodista miro con mayor admiración y respeto el valiente trabajo que, a pesar de los ataques gubernamentales a la libertad de prensa, medios independientes como *El Faro* en El Salvador o *Rappler* en Filipinas hacen con una centésima parte de los recursos que los grandes leviatanes estadounidenses. Sin embargo, tras ocho años trabajando en redacciones en Nueva York, Miami y Washington, reconozco que hay algo de verdad en las palabras de González.

Por eso puedo decir con confianza que el que tienen entre las manos es un libro que se asoma al futuro, haciendo un minucioso y en ocasiones premonitorio recorrido por los principales retos que se están viviendo en los medios a la vanguardia de la transformación digital. Al leer estas páginas no puedo evitar reconocer una y otra vez muchos de los cambios que estoy viviendo en primera persona en la redacción de *The New York Times*, donde actualmente trabajo. El libro prepara a los lectores para un futuro necesariamente marcado por la incertidumbre y el cambio perpetuo, pero que estará también repleto de oportunidades para nuevos modelos de periodismo que todavía no se han inventado. Se trata de una lectura imprescindible para cualquier periodista con interés por construir un futuro mejor para la profesión.

Deconstruyendo los medios emplea la pandemia como una atalaya desde la cual hacer un repaso pormenorizado a algunos de los profundos cambios que se han vivido en el periodismo en internet en los últimos años: desde la resaca que dejó el cambio de algoritmo en Facebook hasta el auge de los modelos de suscripción y membresía, pasando por un renovado enfoque de los medios en las comunidades de interés. Desde ahí, el libro esboza un horizonte incierto pero cuyos contornos se han empezado a dibujar con más nitidez en los dos últimos años de pandemia global: el surgimiento de las redacciones descentralizadas y el teletrabajo, la aparición de nuevos perfiles y la profesionalización de los equipos de transformación digital.

Uno de los fenómenos que con más claridad observo emerger, y al que Cerezo apunta en este libro, es la puja dentro de las redacciones por una mayor diversidad racial y de género.

En Estados Unidos, las protestas históricas en favor de la justicia racial tras las muertes de George Floyd y Breonna Taylor en 2020 han dejado una profunda huella en los medios que terminará llegando, de una forma u otra, a otros países y contextos sociales. Nuevas generaciones de periodistas exigen hoy que sus redacciones y el periodismo que en ellas se produce sean más inclusivos y que reflejen de manera más fidedigna los intereses y preocupaciones de las minorías y los colectivos tradicionalmente desatendidos (personas de color y LGBTQIA, inmigrantes, discapacitados, etc.).

A la transformación digital, perpetuamente incompleta, se le une ahora esta otra gran revolución cultural: la evolución hacia medios más diversos, abiertos e inclusivos. Se trata de un reto trascendental que deberá afrontarse desde una perspectiva periodística y que pondrá a prueba la capacidad de adaptación de redacciones de todo el mundo.

La empatía también se ejerce de puertas hacia dentro, como bien indica Cerezo cuando escribe en estas páginas sobre la necesidad de modelos de liderazgo y gestión con dicha cualidad. A la vez que reclaman mayor diversidad en los altos mandos y en la cobertura, los periodistas exigen hoy unas condiciones laborales más justas y sostenibles para ellos mismos. El romanticismo en blanco y negro de las jornadas salvajes e interminables y el whisky en el cajón de la mesa, que tanto se idealiza a veces en el periodismo, parece que no resulta tan atractivo si implica no ver nunca a tus hijos, comer comida basura todas las noches o sufrir un cuadro de ansiedad completo antes de cumplir los 30. Prueba de estas reivindicaciones es la buena salud del movimiento de sindicalización en los medios estadounidenses, que no ha parado de crecer desde 2015, con los periodistas (en ocasiones, los más jóvenes) protagonizando negociaciones encarnizadas con sus empresas por conseguir mejores condiciones de trabajo.

Sin embargo, el periodismo que deja la pandemia estará también definido por las lecciones que hemos aprendido durante la gestión de la misma. El coronavirus obligó a las redacciones de todo el mundo a aprender a funcionar de forma remota de la noche a la mañana. La gravedad y la ubicuidad del virus forzó a los equipos a trabajar noche y día durante meses. El cansancio y el agotamiento hicieron mella en los equipos.

No quiero sonar alarmista pero creo que la pandemia ha sido un ensayo general de las crisis que están por venir en un futuro marcado por las catástrofes naturales asociadas al cambio climático y las amenazas a democracias alrededor del mundo (en el momento de escribir estas líneas, la guerra en Ucrania ha comenzado).

En este contexto, algunos de los mejores cerebros de la industria hablan ya de cómo crear una mayor «resiliencia operativa» en el seno de las redacciones. Se refieren a la necesidad de gestionar operaciones periodísticas sostenibles que garanticen el bienestar de los periodistas cuando las crisis se superponen y amenazan con arrollarnos, pero todavía estamos en la obligación de informar y de dar cobertura de servicio público. La calidad y la relevancia del periodismo que se produzca dependerá en buena parte de nuestra capacidad de adaptación en las crisis futuras.

He hablado mucho de empatía y voy a seguir haciéndolo. Personalmente, creo que uno de los grandes aciertos de *Deconstruyendo los medios* es el énfasis que hace en poner a los lectores en el centro de los procesos periodísticos y en los datos como herramienta para aprender cómo interactuar con las comunidades de lectores y servir al público de forma significativa.

Durante la mayor parte de su historia, los medios han vivido de espaldas a sus audiencias. La tecnología y las herramientas de análisis de datos nos dan acceso hoy a un conocimiento minucioso sobre sus apetencias y necesidades informativas. Contamos con datos en tiempo real que nos permiten entender a qué hora nos leen, desde qué dispositivos, dónde hacen click, qué formatos narrativos prefieren, qué temas suscitan un mayor interés y en qué párrafo se aburren y abandonan una historia. Los datos, además, nos permiten, también, conquistar a los escépticos en las redacciones: las decisiones respaldadas por números suelen estar mejor argumentadas que cuando se esgrimen corazonadas, prejuicios o ideas preconcebidas.

Saber escuchar e incorporar a los lectores a nuestros procesos requiere humildad y el ejercicio radical de la empatía. Los periodistas deben involucrarse en este trabajo y aprender a familiarizarse con estas señales para traducirlas a proyectos editoriales que proporcionen un servicio público de calidad alineado con la misión del medio. Si no lo hacen, corren el riesgo de que estos mismos datos puedan ser empleados para defender intereses que no son estrictamente periodísticos.

Es responsabilidad de todos empujar una cultura que ponga a los lectores en el centro de la estrategia editorial a través del análisis de datos. Me preocupa, y esto es algo a lo también hace alusión el libro, que se agrave la segregación entre periodistas de la vieja escuela y nuevos perfiles digitales responsables del cambio (he de aclarar que, en mi experiencia, esta división no se ajusta necesariamente a líneas generacionales: hay periodistas de 25 años alérgicos a los cambios y co-conspiradores de 65 siempre dispuestos a experimentar con cualquier cosa).

Soy una gran creyente en que las redacciones más exitosas son las que saben combinar los valores del periodismo tradicional con la cultura digital. Pero el proceso de integración tiene que ser igualitario, un toma y daca: del mismo modo que los periodistas nativos digitales se han pasado años enseñando con paciencia a los jefes qué es el SEO o cómo interpretar un informe de Google Analytics, los periodistas tradicionales también deben ser generosos con su conocimiento, compartiéndolo para crear una nueva generación de líderes que cuenten con las habilidades y herramientas de ambos mundos. Las necesitarán.

Como periodista cuya carrera ha transcurrido íntegramente en proyectos digitales, me ha tocado a menudo ser la persona responsable de pelearme para tratar de empujar cambios internos en una redacción: introducir una nueva herramienta, cambiar un flujo de trabajo, experimentar con una nueva plataforma... Ante la incertidumbre de los cambios, es habitual encontrarse con periodistas que, angustiados, buscan respuestas y soluciones absolutas y permanentes a las transformaciones que trae consigo internet. «Ahora me estás diciendo esto sobre SEO pero hace dos años lo importante era Facebook, ¿cómo sé que en dos años no me vas a decir otra cosa?» Mi respuesta suele ser insatisfactoria: probablemente cambie otra vez.

Todo cambia, a ritmo vertiginoso. No hay nada más trepidante que juntarse con un grupo de adolescentes y observar cómo consumen información en sus móviles, darse cuenta de que cada uno de sus gestos puede tener implicaciones trascendentales en tu trabajo en el medio plazo. Para mí, esa es la belleza del periodismo en internet. No tengo antídotos con los que ofrecer consuelo a quienes anhelan certezas absolutas, pero sé que este libro proporcionará muchas respuestas a quienes están abiertos a lo que traiga el futuro.

I
INTRODUCCIÓN

En una sociedad cada vez más compleja y sofisticada, los lectores demandan hechos y datos que les permitan poder entender e interpretar en toda su extensión esta complejidad. En este contexto, los periódicos siguen siendo una piedra angular para la consolidación de la sociedad civil. La educación, la salud o el medio ambiente son temas que exigen una interpretación y análisis cada vez más crítico y comprometido. Todos somos conscientes de la necesidad de disponer de medios independientes, pero para poder serlo tienen que ser sostenibles económicamente.

La irrupción de Internet supuso la «dinamitación» del modelo de negocio tradicional sustentado en la publicidad y las ventas de las ediciones impresas. En un principio intentaron trasponerlo al ámbito digital, aunque el paradigma que tantos beneficios había proporcionado durante buena parte del siglo pasado a los editores había cambiado irremediablemente. A lo largo de más de una década y media, el sector comenzó una carrera para adaptarse y encontrar un modelo que les garantizara la rentabilidad y, por tanto, su supervivencia en el mundo *online*, lo que hemos denominado la «transformación digital».

En estas estábamos cuando la pandemia y el consiguiente confinamiento vino a demostrar que trabajar de forma remota y distribuida, pese a las dificultades, era posible. Un efecto directo e inmediato de la pandemia que puede tener carácter permanente en algunos de sus vertientes. Los medios fueron capaces, pese a las dificultades, de sacar las ediciones digitales e impresas gracias al esfuerzo de los equipos; incluso cuando ni siquiera disponían de ordenadores portátiles, o cuando los sistemas de gestión de contenidos (CMS en sus siglas en inglés) no eran los más adecuados porque requerían ser actualizados presencialmente. En este sentido, hay que destacar el trabajo de los equipos técnicos de soporte, que consiguieron mantener la compleja maquinaria para que las ediciones digitales no pararan, así como los que hicieron posible que las ediciones impresas llegaran a casa de los suscriptores y a los puntos de venta que permanecían abiertos al público.

Por ello, y a partir de ahora, se abre un tiempo para analizar y plantear los retos a los que se enfrenta la industria periodística de cara al nuevo escenario pospandemia. Hasta aquí, se ha aprendido mucho y de forma explícita; además, comenzamos a disponer de datos empíricos sobre los efectos —positivos y negativos— del teletrabajo como consecuencia de la pandemia.

Los medios, que aún arrastran los pies por el peso del papel, se han visto obligados a priorizar la transformación digital. Sin embargo, la dinámica de los acontecimientos les está llevando a acometer los cambios de forma poco ordenada e incluso precipitada, sin una estrategia definida y sin repensar en profundidad su rol en el actual panorama digital.

Si llevamos tiempo reflexionando y analizando cómo transformar los medios para adaptarlos a la era digital, no hay mejor ocasión que esta en la que la pandemia está acarreando profundas e imprevistas consecuencias. Se requieren nuevas respuestas sobre el propósito último de las organizaciones periodísticas y saber cómo transitar hacia una cultura que facilite una transformación digital exitosa. En estas páginas reflexionaremos e intentaremos ayudar a identificar y seleccionar cuáles son las claves para este viaje que atañe a todos los que directa o indirectamente estamos interesados en la sostenibilidad e independencia del sector de la información.

II
DE MEDIOS DE COMUNICACIÓN
A COMUNIDADES DE INTERÉS

Aunque algo ya manido, el concepto de la transformación digital sigue siendo válido para explicar un fenómeno poliédrico, difuso y complejo que implica necesariamente un cambio constante si se quiere dar respuestas al nuevo paradigma. Una reconversión de organizaciones y equipos, en la que se ven involucradas todas las áreas y personas de la organización. Ante este escenario de transformación, inaprensible para una gran mayoría, en 2019 llegó la pandemia que lo aceleró todo aún más.

Sumidos aún en ella, y sin perspectiva suficiente para conocer el impacto económico y social que va a dejar a su paso, sí estamos en condiciones de asegurar que ha sido un catalizador y acelerador de la transformación digital de los medios. La pandemia ha supuesto un antes y un después, impactando en todos los procesos y eslabones de la cadena de valor. No sabemos aún cuáles de estos efectos se consolidarán y cuáles se desvanecerán en unos pocos meses, pero, en definitiva, están configurando el futuro inmediato del sector de los medios de comunicación.

Lo primero que hay que definir es cómo serán los medios en el siglo XXI. Consideremos que la función principal de un medio en la era digital es la creación de una comunidad de interés en torno a una marca informativa. La marca, que en el caso de los tradicionales (*legacy*) ha perdido credibilidad y confianza, debe de adquirir un nuevo rol.

La salida a bolsa de las grandes compañías de medios en los años noventa y posteriores, provocó que su misión y valores tradicionales se desdibujaran y diluyeran. Pero, para aquellos que se aproximen por primera vez a este sector, hay que aclarar que la industria de la información es particular, principalmente porque su gran poder está basado en intangibles, como la credibilidad o la influencia. Además, aun siendo mayoritariamente un sector cuyas organizaciones tienen ánimo de lucro, parte de su componente diferencial es su condición de servicio público, que por definición se contradice con los intereses económicos particulares. Paradoja que en el proceso de transformación digital se percibe con más claridad. El auge de las salidas a bolsa primero y el impacto digital después, han ido debilitando y arrinconando paulatinamente los valores y la misión de las organizaciones periodísticas.

COMUNIDADES DE INTERÉS

Gráfico 1. Los pilares de las comunidades
de interés. Elaboración propia, 2022.

En su época de máxima rentabilidad, en la que los «editores de raza» lideraban el negocio, los periódicos podían con poco esfuerzo cumplir con la misión y valores relativos al servicio público. A medida que comenzaban a cotizar en el mercado de valores, lo que no beneficiara directamente a la cuenta de resultados pasaba paulatinamente a un segundo puesto.

Entendemos por tanto las comunidades de interés como audiencias con una visión común de los temas y asuntos que les interesan profundamente y que se articulan en torno a una marca informativa que aporta productos y servicios en diferentes soportes y canales, bajo el paraguas de una misión y unos valores compartidos.

A partir de este concepto, que puede cobijar diferentes formulaciones en cuanto a propósitos, objetivos, intereses, así como en lo relacionado a los formatos y canales en los se pueden presentar, identificamos cuatro pilares fundamentales sobre los que se puede articular un medio de comunicación en el actual paradigma digital. Gracias a estos pilares se puede diseñar una estrategia de cambio y de transformación.

1. Son los valores, estúpido

Con la llegada de Internet, y con la necesidad de que las compañías transitaran hacia un ecosistema digital mientras el modelo tradicional empezaba a hacer agua, la misión quedaba relegada a una declaración de buenas intenciones. Si se hace la prueba de revisar la web en donde se describen la misión y valores de las cabeceras señeras de todo el mundo en ese momento, sus buenas intenciones podrían ser intercambiadas sin que apenas varíen, independientemente del mercado, el público o el tipo de información que ofrecen. Si el objetivo último y prioritario es crear comunidades de intereses compartidos, los valores que configuran el interés común deben ser redefinidos.

Las comunidades de interés las conforman los lectores, pero también los redactores. Estos últimos no pueden ser ajenos a los objetivos de las compañías, incluidos los del negocio. Tradicionalmente la redacción se había desentendido de negocio. Pero con la irrupción de los modelos de *reader revenue*, la redacción, lo quiera o no, es parte del negocio. Cualquier redactor tendría que empezar preguntándose si él mismo pagaría por leer los artículos o noticias que publica.

La redefinición de los valores, por tanto, debe orientar la mayoría de las decisiones fundamentales de la compañía. Es el caso de *The Guardian*. Entre sus valores está ser una comunidad de información libre y abierta, lo que significa que sus modelos de suscripción no pueden sustentarse en un muro de pago que limite el acceso a la información entre los que paguen y los que no.

The Guardian dispone de una comunidad de más de un millón de miembros en 180 países que contribuyen a través de diferentes modalidades de aportaciones. Comunidad que comparte unos valores y una visón del mudo: «A diferencia de muchas otras organizaciones de medios, el periodismo de *The Guardian* está disponible para que todos lo lean, independientemente de lo que puedan pagar»[1]. Por tanto, toda la información es de libre acceso, no debería de estar detrás de un muro de pago. Es cierto que el periódico

---

1   The Scott Trust: valores e historia: https://www.theguardian.com/the-scott-trust/2015/jul/26/the-scott-trust

británico, al ser propiedad de un fideicomiso, le convierte en un caso singular. No se trata de analizar si es mejor o peor este que los modelos que apuestan por las suscripciones clásicas, lo que es relevante es que han sabido ser consecuentes con sus valores fundacionales, aspecto que valoran sus lectores, contribuyan o no, así como sus empleados, orgullosos de trabajar en una compañía con una misión compartida.

En el actual ecosistema líquido, dinámico y en constate cambio en el que tenemos que desenvolvernos, habría que ser capaces de construir marcas sólidas, en término de los atributos por los que los lectores quieren formar parte de esa comunidad. Hay que repensar y revalorizar las cabeceras para que sean atractivas a las comunidades de interés. Los grandes ganadores de la era digital han sido marcas de nueva creación, que se han consolidado como referentes de innovación e influencia. Mientras tanto, la mayoría de las marcas informativas se alejan de los atributos que la habían permitido liderar las sociedades abiertas durante más de un siglo.

Las comunidades de interés, reconocidas bajo el paraguas de los atributos de una marca, tienen que compatibilizar la dualidad entre el servicio público y un modelo de negocio sostenible, aunque esté supeditado a su misión y valores. Si no se entiende así, será difícil configurar una comunidad estable y sostenible.

La generación de marcas con estos atributos, que funcionen tanto a nivel global como local, debería ser una de las prioridades de las empresas informativas. Son pocas las organizaciones con una estrategia de marca que cuentan con equipos especializados y dedicados a esta función; si bien es cierto que la gran empresa está comenzando a trabajar con dedicación y ahínco en este sentido.

La paulatina pérdida de credibilidad y atractivo de las marcas informativas se explica por las propias dinámicas del mercado, pero también por la crisis del negocio. Ambos hechos han ido socavando dicha credibilidad, a medida que se iban alejando de la misión que tenían encomendada como industria. Una industria con evidentes singularidades en comparación con otras, en el sentido de que se rige no solo por la cuenta de resultados sino por las demandas de servicio público de las comunidades a las que se dirige.

Esto explicaría, como hemos visto durante los últimos años, por qué una mala gestión de un expediente de regulación de empleo (ERE) o una operación corporativa con socios alejados de los valores que representan la cabecera, por poner solo dos ejemplos, acaban afectando directamente a la credibilidad, y por tanto provocando que el interés de una parte de los lectores se pierda, que en definitiva es lo que soporta el negocio. Porque una comunidad se articula bajo una marca con unos atributos compartidos por los miembros que la componen.

Si la estrategia de negocio se aleja de los valores, sus miembros, más pronto que tarde, también lo harán. Según datos recogidos en el *Informe Anual de la Profesión Periodística, que edita la Asociación de la Prensa de Madrid,* si en 2016 la confianza de los españoles en los medios era de 5,7 puntos, en una escala de 1 a 10, en el 2020 descendió hasta los 5,2. Pero esta paulatina falta de credibilidad y confianza en los medios no solo afecta al mercado español, sino que es una tendencia a nivel mundial.

Este problema, aunque haya impactado con más virulencia en los medios tradicionales, también ha tenido consecuencias en los nativos digitales. Durante la primera década de los 2000, los fondos de inversión, sobre todo en los EE. UU., apostaron por los denominados medios *millennials*: cabeceras que aprovechaban las redes sociales para conseguir audiencias millonarias, pero por su falta de credibilidad y exceso en conseguir clics a cualquier precio fueron desvirtuando sus contenidos. En este contexto surge el famoso *clickbait*, que tanto daño ha hecho y sigue haciendo al sector en su conjunto. Traducido al español como «ciberanzuelo» o «cebo de clics», es un neologismo que sirve para describir los enlaces con titulares llamativos o engañosos destinados a captar tráfico indiscriminado. Estrategia en la que se posicionaron principalmente los medios *millennials*, destinados al público más joven, y que tuvo cierta repercusión por el apoyo de los fondos de inversión que demandaban crecimientos en tráfico exponenciales para su rápida capitalización, pero que se vieron frustrados por los cambios del algoritmo de Facebook. Desgraciadamente fueron copiados por medios serios como forma de mantener el tráfico a sus páginas web. Y aunque algunas cabeceras aún persisten en estas tácticas, cada vez son más los medios que empiezan a apostar por un mínimo de calidad y credibilidad.

El objetivo, por tanto, es construir marcas que crezcan más allá de la geografía en la que operan, de los formatos que desarrollen o las plataformas en las que se distribuyen. Esto requiere construir marcas consecuentes con la misión y valores de la compañía, capaces de aglutinar audiencias. Y no menos importante es que resulten atractivas también para atraer talento que pueda contribuir a ese propósito.

2. Una propuesta de valor única y diferencial

Con la llegada de Internet, la mayoría de las empresas periodísticas se limitaron a volcar los contenidos que hacían para sus versiones impresas a la digital, con pequeñas adaptaciones, pero sin preguntarse realmente si daban respuesta a las nuevas necesidades y hábitos digitales de sus lectores.

Bien es cierto que los medios más avanzados, algunos *legacy*, pero sobre todo un puñado de medios nativos, están siendo capaces de innovar en una propuesta de valor diferencial, alejados de las inercias del mundo del papel.

Son los medios nativos, aquellos que nacieron 100 % digital, marcas que no tienen un pasado vinculado a las ediciones en papel, los que lo han tenido más fácil a la hora de innovar y arriesgar en la búsqueda de propuestas de valor novedosas y diferenciales.

A modo de ejemplo, resaltaremos a un grupo selecto de iniciativas que han sabido diseñar comunidades de interés en torno a sus marcas. Por ejemplo, el sitio web especializado en información sobre empresas tecnológicas de referencia *The Information*, que dispone de una gran variedad de productos orientados a un segmento de usuarios muy especializado y exigente. Su misión es clara: dar cobertura de alta calidad sobre el negocio de la tecnología, ofreciendo información y análisis que ningún otro medio es capaz de hacer, facilitándolos en aquellos formatos que se adaptan a su público cuándo, cómo y dónde ellos deseen. Además de los artículos en texto, sus historias toman la forma de productos de pago como conferencias *online*, canales de Slack, eventos, talleres, comentarios en su página web, organigramas y bases de datos, etc. *The Information* ha sabido entender las necesidades de su audiencia y ofrecerles una propuesta que le confiere valor y por la cual están dispuestos a pagar.

Por su parte, *Axios,* creado en 2016 por periodistas procedentes de *Politico.com*, se convirtió rápidamente en uno de los medios más innovadores de los últimos años, representando una fuente de referencia por sus primicias en información política y tecnológica. Se proyecta como un flujo de contenido (un *feed* de noticias), más parecido a un blog que a un periódico digital tradicional, en el que van volcando artículos breves pero muy explicativos y directos, para una audiencia que necesita estar bien informada de forma clara y concisa pero rigurosa. De hecho, les gusta decir que su información se caracteriza por ser *smart brevity* («brevedad inteligente»).

Otro ejemplo interesante de sitio web informativo con una propuesta de valor diferencial y un enfoque único; ha sido capaz de crear una categoría casi en sí misma, lo que ha venido a categorizare como «noticias lentas» *(slow journalism)* es *Tortoise Media*. Además, la empresa creada por exdirectores de la BBC, junto con el exeditor de *The Times*, apuesta porque su comunidad de interés no esté solo formada por lectores pasivos, sino que participen de forma activa en el proceso de las noticias —desde la decisión de lo que se cubre, hasta la participación directa junto a los creadores de las noticias—.

Una propuesta similar es la que ofrece el medio digital *The Ferret*, una cooperativa de periodismo de investigación nacida en Escocia, cuyo lema es «el buen periodismo cambia las cosas». Los suscriptores son algo más que lectores, porque se convierten en copropietarios y colaboradores, participando en las decisiones del mismo.

The Fix es una de las marcas más relevantes de los últimos tiempos en Europa entre los profesionales interesados en la transformación de los medios de comunicación. Con base en Europa Central y del Este, ha cubierto un espacio que no habían ocupado hasta la fecha los medios generalistas, en cuanto a los temas, la geografía y el idioma.

Una de las últimas apariciones que destacan por su apuesta innovadora y diferencial, y que además cuenta con una financiación millonaria es *Grid*. Un sitio de noticias que pretende ofrecer una visión más completa (*fuller picture*) aportando mayor claridad y contexto a la información más relevante del día. Como ellos mismos enuncian en su misión:

«Proporcionamos los datos y el contexto necesarios para entender cómo los acontecimientos mundiales, los retos persistentes y las megatendencias están conectados entre sí y requieren soluciones conectadas»[2].

Hay que mencionar también otras iniciativas en geografías más lejanas como *The Ken*, en India, más concretamente en Bangalore, cuya innovación radica en que solo cubren una historia al día, bien sobre economía o empresas, pero con una información muy exhaustiva y detallada, y con un gran aporte audiovisual. Caben destacar sus *visual stories*, en las que exploran nuevas narrativas a través de gráficos e infografías. La lista podría ser interminable.

La necesidad de una propuesta diferencial y única está llevando a los medios generalistas a explorar otros contenidos que les permitan llegar a nuevas audiencias. Los lectores además de las noticias demandan otras temáticas. Grandes marcas generalistas como *The New York Times* se ven obligadas a explorar otros territorios temáticos como los juegos (*Spelling Bee, Crossword*) o las recetas de cocina. En esta exploración por nuevos territorios temáticos el periódico neoyorkino adquirió a comienzos de 2022 *The Athletic*, otro innovador medio nativo digital fundado en 2016 y especializado en información deportiva desde una perspectiva diferente, destinada a los fans de los equipos de las principales ligas de los EE. UU.

En definitiva, los lectores buscan propuestas de valor diferenciales y únicas que enriquezcan su interpretación y conocimiento de sus intereses, que pueden ser tan variados como nos dé la imaginación. La innovación en la creación de propuestas de valor es realmente una de las principales ventajas competitivas.

---

2   Our Mission: https://www.grid.news/about-us/

3. El poder de la distribución

Como en *Conversaciones en la catedral,* nos podríamos preguntar: ¿en qué momento se jodió el negocio? La respuesta podría ser cuando los medios delegaron una parte crucial de su negocio en las plataformas, sin nada a cambio. Uno de los lastres en la transición digital fue confiar la distribución de los contenidos a terceros. Los medios, cegados por el convencimiento de que sus contenidos eran singulares y únicos, descuidaron el resto de eslabones de la cadena de valor, sobre todo el de la distribución que pasó a manos de las plataformas tecnológicas. Descuido que se produjo porque no supieron interpretar la nuevas reglas del juego digital, pensando que la distribución y comercialización, como sucedía en el negocio tradicional eran unas *commodities*[3] suministradas por empresas subsidiarias (transportistas, quioscos, etc.) con poco aporte de valor y, por tanto, fácilmente controlables. En la nueva cadena de valor digital, la distribución adquiría un papel trascendental porque pasaba a controlar la relación del usuario en su *digital journey* y por ende los datos. Cuando despertaron, el monstruo era demasiado grande y se había comido la mayor parte de la tarta publicitaria.

En la era del papel el aporte de los distribuidores era insignificante en términos de producto, porque no influían ni en la naturaleza del propio contenido, ni en lo que es más importante, en su relación con el usuario final. Creyendo

---

3 Bienes o servicios genéricos, que presentan poca o ninguna diferenciación entre sí. Comenzó a utilizarse para describir ciertas materias primas como el trigo, que se puede sembrar en cualquier parte del mundo con escasa diferenciación por su procedencia en calidad y precio. En el caso de la distribución en la era de los periódicos en papel el aporte de valor de una compañía de trasporte era similar, con poco impacto en el producto para el usuario final.

que subir los contenidos a las plataformas para llegar a los lectores era como tener una flota de furgonetas de distribución gratuita, cedieron el control de la relación con sus lectores, que pasó a ser «propiedad de las plataformas».

Además, en la era digital, a diferencia de los distribuidores físicos, las plataformas son capaces de *des-intermediar* también el modelo de negocio, que ahora se basaba en mantener la atención de los usuarios y no en transportar y comercializar productos físicos. Los medios cedieron el activo más valioso de la economía digital, que no es el contenido en sí mismo sino los datos, o dicho de otra manera, dejaron en manos de las plataformas la relación con sus lectores.

Ha sido difícil asimilar —de hecho, aún perviven ciertos negacionistas digitales— que la cadena de valor se había transformado y que los nuevos intermediarios estaban creando las reglas del nuevo negocio digital, en el que las tornas habían cambiado. Con el dominio de las plataformas y la democratización en la creación, una buena parte del contenido pasó a convertiste en una *commodity*. Resultó que el contenido no era como se pensaba el rey absoluto, y además se daban nuevas circunstancias para que en la lucha por el trono hubiera muchos candidatos.

Los editores perdieron el control porque no entendieron que las reglas estaban cambiando. No supieron ver las diferencias que existían entre el medio tradicional y el digital. Pensaron que era solo un cambio en el canal de distribución y que quien tuviera el control de los contenidos controlaría la cadena de valor. Pero lo que ponía en evidencia era algo más importe y revelador: el modelo tradicional estaba pensado, diseñado y engrasado a la perfección para poner en circulación el diario en papel; y el usuario, mientras siguiera comprándolo, era parte del paisaje. Sin embargo, las plataformas tecnológicas supieron ver pronto, y de ahí su éxito sin paliativos, que el producto realmente valioso era el usuario.

Por ello es fundamental el concepto de comunidades de interés: porque pone el foco en el individuo, llámese lector, radioyente o suscriptor. La creación de comunidades es la vía de establecer relaciones fuertes y duraderas. Puede que restablecerlo no sea sencillo, pero es uno de los retos más importantes al que se enfrenta el sector. La dependencia de las plataformas y la estrategia de distribución tiene que estar supeditada a la creación de comunidades y no al contrario. Es necesario recuperar la *home* como puerta de entrada a esas comunidades. Para ello hay que poner el foco en el diseño de los sitios web, evaluando cuáles son los ejes por los que podemos crear una comunidad en la que sus usuarios quieren ser partícipes y convertirse en miembros, socios o suscriptores. Al mismo tiempo es necesario replantearse la estrategia de relación con las plataformas, esto no significa abandonarlas —cosa actualmente imposible— sino reconducirla para lograr establecer sinergias y un posible caladero de potenciales miembros para las comunidades.

4. Diversificar los modelos de monetización
....

Aunque los medios vislumbraban síntomas de fatiga en el modelo publicitario digital desde hace tiempo, la pandemia ha acelerado un cambio de tendencia que conlleva la búsqueda de nuevos ingresos. La caída generaliza del negocio tradicional, tanto en circulación como en publicidad de las ediciones impresas, no se ha visto compensada por el crecimiento de la publicidad digital. Como resultado, el modelo basado en monetizar publicitariamente grandes audiencias no cualificadas, no asegura la rentabilidad y sostenibilidad a futuro. La publicidad digital, sumida a su vez en un profundo cambio debido a la irrupción de la programática, no es suficiente para mantener la operativa de las compañías de información, lo que obliga a impulsar nuevas líneas de ingresos, principalmente los obtenidos directamente de los lectores, los denominados *reader revenue*, cuyo principal baluarte son las suscripciones.

Este escenario no es del todo nuevo, sino que representa una vuelta a la esencia de la prensa tradicional. El modelo de negocio de la prensa del papel durante más de un siglo fue la combinación de dos vías de ingreso complementarias. Por una parte, la venta al número, y por otra, la explotación publicitaria. Para entender la evolución digital hay que retrotraerse a sus inicios. Aunque en el imaginario colectivo sus orígenes se encuentren en el ámbito militar[4], lo cierto es que los verdaderos padres de Internet provienen del mundo científico y académico, y en sus orígenes nunca se conceptualizó ni pensó como un espacio comercial o de negocio. Incluso Google, paradigma del negocio digital, proviene del ámbito académico y tardó varios años en comenzar a transformarse en el extraordinario negocio en el que se ha convertido.

Esto es realmente importante porque en gran medida el éxito y desarrollo exponencial de los primeros años de la Red se explican por su carácter abierto, colaborativo y

---

4   La ARPAnet (Advanced Research Projects Agency network) es la primera red de ordenadores conectados que fue desarrollada por la ARPA (Agencia para Proyectos de Investigación Avanzados). Aunque ARPA dependía del Departamento de Defensa de EE. UU. los motivos de la puesta en marcha de ARPAnet no fueron militares. Su objetivo era ahorrar costes y mejorar la gestión de los ordenadores de la institución compartiendo recursos y resultados entre investigadores y centros educativos.

gratuito. Los primeros intentos de comercialización se llevan a cabo a partir de los años noventa. El primer *banner* se vende en 1993, y a partir de entonces se empieza a crear todo un nuevo mercado con reglas desconocidas —más importante aún, no se conocían porque no existían, había que crearlas—. Además, la transposición del modelo *offline* no servía, mucho menos cualquier vía de cobrar por los contenidos. Sostener que el pecado original de los medios en Internet fue la gratuidad es desconocer cómo funcionaba Internet en esa época.

La situación actual es el resultado, por tanto, de un proceso de transformación y cambio. Digamos que comienza con la generación y monetización de las audiencias a través de la publicidad. Continúa muchos años después, cuando el mercado ha evolucionado y empieza a estar maduro, con la irrupción de los muros de pago. Y finalmente da paso paulatinamente a una estrategia más compleja y sofisticada de suscripciones, los que se conoce como *reader revenue*.

En este proceso evolutivo hemos llegado a la conclusión de que no existe una fórmula universal que pueda garantizar la supervivencia económica. Sí podemos asegurar que existen tres pilares indiscutibles para establecer una estrategia del negocio digital:

• *Diversificación.* Que consiste en explotar diferentes fuentes de ingresos más allá del perímetro natural de los contenidos tradicionales de cada cabecera. Podemos verlo en medios que, además de la publicidad y las suscripciones, tienen tiendas de comercio electrónico para vender *merchandising,* diferentes productos como el vino o realizan eventos, entre otras muchas otras posibilidades de ingreso.

- *Hibridación.* Es la combinación de diferentes vías de ingresos, obteniendo nuevos modelos adaptados a audiencias y mercados determinados.
- *Innovación.* La búsqueda de soluciones novedosas y originales que den respuesta al conjunto de necesidades y demandas de los usuarios.

Cuando hablamos de los moldes de negocio en los medios digitales, hablamos por tanto de un ecosistema complejo, con nuevas reglas, que requieren evidentemente, una visión integral de toda la cadena de valor y una oferta de productos y servicios que sea las más adecuada a las necesidades de los lectores. En definitiva, los medios más innovadores en cuanto al negocio son aquellos que han culminado con la integración y optimización de los tres pilares, convirtiéndose en organizaciones que podríamos considerar *value driven* y que despliegan una visión más integral del negocio en el que el usuario ocupa una posición central. A la luz de estos tres ejes, observamos como tendencia global la necesidad de consolidar los ingresos directos de los usuarios sin desestimar y descuidar los provenientes de la publicidad digital.

Aunque paulatinamente los modelos de pago irán creciendo en importancia, la publicidad sigue siendo la principal fuente de ingresos digital. En los últimos años la innovación en formatos y modelos publicitarios, como el *branded content*[5], está marcando el camino de la publicidad *online* más rentable para los medios. Politico Focus es un estudio

---

5   *Branded content,* o «contenido de marca» son aquellos contenidos con apariencia de noticia o reportaje pero que están subvencionados por una marca comercial. Pueden hablar directamente de la marca en concreto o del territorio o campo en el que esta opere sin necesidad de mencionarla explícitamente.

de *branded content* lanzado en 2015, que crea contenido digital patrocinado por marcas que quieren aparecer en él. El *branded content*, que se promociona entre cuatro y seis semanas en la portada, pude presentarse en diferentes fórmulas: módulos visuales interactivos, encuestas, Q&A, multimedia, infografías, vídeos animados, documentales, listas, explicaciones, ilustraciones de datos en 3D o *podcast*. El estudio de creación publicitaria está formado por un equipo multidisciplinar en el que colaboran productores de contenido multimedia, diseñadores, expertos en estrategia de producto, periodistas y desarrolladores.

Si hablamos de innovar el modelo de negocio, es inevitable hacer referencia a *The New York Times,* por su continua evolución hacia un modelo de ingresos diversificados y, en especial, por su apuesta por una estrategia de *reader revenue.* El periódico fue pionero en desarrollar el modelo *metered,* que permitía leer una seria de noticas, y una vez consumidas, lanzar su muro de suscripción. De esta forma consiguió desarrollar un modelo de pago, sin penalizar con ello los ingresos publicitarios.

En 2014 se filtraba[6] el estudio interno, que bajo el título *Innovation,* analizaba la situación del periódico y establecía la que debía ser la estrategia de transformación de su redacción. El estudio se convirtió rápidamente en la guía de referencia del sector. Desde entonces la historia de innovación no ha dejado de prosperar, tanto en lo que se refiere al producto (recordemos, por ejemplo, The Snow fall, pieza fundacional), como en lo que se refiere a la integración de texto, vídeo y audio. Es rara la semana en que la Dama Gris no

---

6   The Full New York Times Innovation Report: https://mashable.com/
archive/full-new-york-times-innovation-report

presenta un nuevo producto o servicio que trate de explorar nuevas vías para contar historias e interaccionar con sus lectores.

En Europa, a la vanguardia del desarrollo de un modelo de negocio integral e innovador se sitúa el grupo nórdico Schibsted. Desde 2017, su estrategia se orienta inequívocamente hacia el *reader revenue,* consiguiendo con el «empaquetado» y la personalización mejorar la experiencia del usuario y el incremento de la oferta de nuevos productos; sin olvidar la búsqueda de nuevos servicios y modelos de negocio en sus diferentes cabeceras. El periódico noruego *VG,* por ejemplo, ofrece entre sus productos un club de pago centrado en la pérdida de peso y la vida saludable. Por su parte, *Aftenposten,* otra de las cabeceras del grupo, dispone de un innovador programa de fidelización para suscriptores, *A-kortet,* que cuenta ya con una larga trayectoria.

A partir del análisis de las preferencias de sus lectores, el periódico noruego identificó el mundo del vino como una de las temáticas más demandadas, lo que le llevó a crear un vertical de productos relacionados con el mismo y, a su vez, a explorar la celebración de catas. También han lanzado un boletín mensual con artículos profesionales más extensos sobre vinos, recetas y recomendaciones para maridajes, etc. El concepto es sencillo: a partir del contenido editorial se genera valor, ofreciendo a la audiencia recomendaciones y servicios en exclusiva que pueden monetizar por diferentes vías.

A parte del modelo de negocio, se puede innovar también en procesos, formatos, propuesta de valor, entre otras opciones. Los medios más innovadores suelen serlo en varias facetas a la vez. Aquellos que apuestan por productos y formatos innovadores suelen hacerlo también en el modelo de negocio o en los procesos y su gestión. Se puede observar por ejemplo en el campo de la información deportiva, en donde nuevos entrantes como *The Athletic* o *Defector Media* están removiendo un sector que se consideraba maduro y en el que existían poderosos grupos muy establecidos y reconocidos. Estos dos ejemplos en concreto son nuevos medios nativos digitales, que aportan una visión diferencial en cuanto a las coberturas informativas, que apuestan decididamente por los modelos de pago y que muestran moldes de gestión más horizontales.

Las estrategias de *reader revenue* requieren una nueva mirada de los medios, más creativa y arriesgada, que explore vías de ingresos más allá de las tradicionales asociadas a sus propias marcas y audiencias. Las suscripciones suponen, en este sentido, un paso más hacia un modelo integral de *reader revenue* que deberá incorporar los ingresos actuales y futuros derivados de la oferta de productos y servicios más adecuados a las necesidades del usuario. En definitiva, un modelo de negocio que sitúe al usuario en el centro de su estrategia. En este nuevo contexto, los medios comienzan a tomar conciencia de la necesidad de innovar para fortalecer el compromiso con los lectores.

5. El usuario es el rey

Las comunidades están constituidas por individuos con intereses compartidos, e identificarlos es crucial. En un entorno en el que el contenido era el rey, la redacción era el centro de poder absoluto. Una parte importante de la misma seguía aferrándose a las inercias del papel que aún sustentaba la cuenta de resultados global.

En la nueva realidad de las comunidades de interés, el verdadero protagonista es el usuario. Pero para situar al usuario en el centro de la estrategia, la organización tiene que pivotar al completo sobre este. Para ello, nuevas áreas y nuevas funciones como la analítica, el *marketing* o la atención al cliente toman un nuevo paso. Es necesario que el sector abandone la posición altiva y crítica que le ha caracterizado tradicionalmente frente a los nuevos entrantes o frente a cualquier novedad que pudiera disputar el *statu quo* de las redacciones.

En definitiva, cualquier estrategia de transformación para construir los medios del futuro tiene que tener como objetivo la constitución de comunidades de interés, las cuales se sustentan en cuatro ejes fundamentales: su misión y valores, una oferta de valor conformada por productos y servicios únicos y diferenciales, el control de la distribución y el desarrollo de un modelo de negocio diversificado, rentable y sostenible en el tiempo. Pero todo lo anterior no serviría de nada, si no se piensa en dar valor a los lectores, convirtiéndoles en los indiscutibles protagonistas de la estrategia.

III
LA PANDEMIA AGENTE TRANSFORMADOR

El mercado de las suscripciones ha encontrado en los fenómenos imprevistos un gran aliado para su crecimiento. Así ocurrió con el Brexit, la llegada de Trump a la Casa Blanca y, más recientemente, con la pandemia provocada por la COVID-19. Esta última, sin duda, el fenómeno más disruptor de los que llevamos de siglo, y cuya magnitud e implicaciones a nivel global aún es difícil de predecir. En este contexto está por ver en qué grado se consolidará el mercado de suscripciones. Ahora que comenzamos a vislumbrar el final de la pandemia, una de las cuestiones que resuenan en la mayoría de las redacciones es cómo será el futuro de los modelos de suscripción.

Hasta marzo de 2019, la responsabilidad de la necesaria digitalización era asimétrica, no siendo compartida por todos los equipos en la misma medida. Aunque la edición en papel caía en tirada, seguía siendo la principal fuente de ingresos. Ello explica que la velocidad de transformación no fuera la misma para todos. Pero llegó la pandemia provocada por la COVID-19 y el escenario cambió repentinamente.

La pandemia no ha sido más que el desencadenante de una tormenta perfecta[7] que se venía fraguando desde tiempo

---

7   El impacto de la pandemia en la prensa: https://cutt.ly/WkpFtsG

atrás, provocada por la irrupción de Internet, pero que en algunos mercados se iba sorteando por los ingresos de la ediciones en papel. Los efectos de la crisis sanitaria global, en pleno proceso de transformación del negocio de la prensa, ha dado lugar a lo que hemos denominado como la paradoja de la COVID-19 en la prensa. A pesar de alcanzar datos históricos de audiencias *online* y de recobrar parte de la confianza de los lectores, la publicidad se desplomó. Si algo ha puesto de manifiesto esta crisis es que los lectores, incluso aquellos no acostumbrados a consumir información de forma habitual, han preferido y confiado en los medios *online* para satisfacer sus necesidades informativas.

Los primeros planes de contingencia[8] que tuvieron que diseñarse sobre la marcha y ejecutarse con extrema urgencia provocaron cambios organizativos sin precedentes. A medida que transcurrían los meses, las consecuencias se fueron visualizando en recortes y despidos en muchas compañías editoriales de todo el mundo. Medidas que, previsiblemente, irán incrementándose durante los próximos meses aunque, al mismo tiempo, también será necesario incorporar nuevos perfiles más acordes a las necesidades digitales de la nueva etapa que se abre.

La pandemia aceleró aún más el desplome de las ventas de la prensa impresa, acumulando un descenso de más de 8,6 millones de lectores desde 2008. Según datos del *Estudio General de Medios* (EGM), correspondiente a la última oleada del año 2020[9], los lectores diarios de periódicos españoles se situaban en los 7,5 millones, lejos de los casi 16,1 millones

---

8   How newsrooms are preparing for coronavirus while also covering it: https://cutt.ly/gkpFwfi

9   La prensa impresa pierde 8,6 millones de lectores desde el comienzo de su crisis en 2008: https:/cutt.ly/RkpD6nb

de finales de 2008. La tabla de salvación que representaban los ingresos provenientes del papel sigue cayendo en picado, y no parece que puedan sustentar el negocio mucho más tiempo.

Pero tampoco el negocio digital, tal y como estaba construido hasta la fecha, apoyado en la monetización de grandes audiencias —en gran medida artificiales cuando no falsas— presentaba cimientos sólidos. A la caída de la circulación y de la publicidad de las versiones impresas, habría que unir el descenso del CPM (coste por mil impresiones) y los bloqueos de palabras en los mercados de publicidad programática, provocando en las compañías menos diversificadas un colapso de sus ingresos. La práctica paralización de la inversión y la posterior caída del precio de la publicidad digital ha puesto de manifiesto el inestable ecosistema publicitario digital en el que se han sustentado los medios digitales. Los efectos de la COVID-19 sobre la publicidad alertaban de la necesidad de apostar por un modelo de ingresos más diversificado y en especial por los ingresos directos de los lectores *(reader revenue).* Como asegura Joy Robins, responsable de ingresos de *The Washington Post:* «nuestra prioridad no puede ser vender publicidad»[10].

Parece demostrado que los medios que mejor han bandeado la pandemia han sido aquellos que disponían de modelos más diversificados. Y especialmente han salido fortalecidos los que habían construido una fuerte operativa de suscripciones. Durante 2020 y gran parte de 2021 los datos de captación de nuevos suscriptores fueron prometedores. Pero, a medida que pasaban los meses, se comenzaron a

---

10   'Our priority can't be to sell advertising' – Washington Post rethinks revenues in lockdown: https://cutt.ly/kkpD7U9

observar síntomas de desaceleración. El crecimiento de los modelos de pago se vio favorecido por la demanda coyuntural de información por parte de los lectores que buscaban fuentes de confianza en un momento determinado. Los meses de confinamiento provocaron una demanda de contenidos, tanto informativos como de entretenimiento, sin precedentes, que coincidían en España con el lanzamiento de modelos de suscripción, entonces un mercado prácticamente inexistente. Siguiendo la estela de los mercados más avanzados dio comienzo la era *reader revenue first,* y si se mantiene la tendencia de otros mercados, el número de suscripciones tras la finalización de los periodos de prueba no debería desplomarse.

Según datos del estudio *Journalism, media, and technology trends and predictions* editado por Reuters Institute en 2022, una gran mayoría de los editores encuestados afirmaban que seguirían apostando por estrategias de suscripción o membresía durante el 2022. El 79 % aseguraba que este será el modelo de ingresos prioritario, seguido de la publicidad gráfica y nativa[11].

Es evidente que poco a poco asistimos a un cambio en los modelos de negocio en los que paulatinamente toman fuerza los ingresos provenientes de los ingresos directos de los lectores (*reader revenue*). Todo lo anterior está precipitando y acelerando a nivel global la necesaria transformación integral de las organizaciones, desde los procesos en las redacciones, hasta la forma de trabajo de los equipos comerciales.

Si el 2020 fue el año del auge de las suscripciones en nuestro país, 2021 supuso su consolidación. La caída de la

---

11   «Journalism, media, and technology trends and predictions 2022»: https://reutersinstitute.politics.ox.ac.uk/journalism-media-and-technolog -trends-and-predictions-2022

publicidad digital ha obligado a los medios a apostar por una mayor calidad de sus productos y por confiar en estrategias que les permitan mejorar su relación con los suscriptores durante todo el tiempo que dure su relación con ellos. Podemos asegurar, por tanto, que la COVID-19 ha sido un acelerador del proceso de reconversión que ha multiplicado la velocidad del cambio que venía fraguando durante casi dos décadas. La experiencia adquirida en apenas año y medio ha contribuido a que el conocimiento de los profesionales del sector sea equivalente al de los de otros mercados que llevaban casi un lustro trabajando con modelos de pago.

IV
LA TRANSFORMACIÓN DIGITAL: AHORA O NUNCA

Aunque la digitalización llevaba años transformando el diseño y configuración de las redacciones, los procesos y dinámicas de trabajo no lo habían hecho a la misma velocidad. Han sido las imperativas medidas de seguridad impuestas por el estado de alarma las que han modificado finalmente las redacciones. Hemos vivido en una transición digital, en la que el pasado impreso no permitía construir un modelo sólido para acometer el nuevo régimen digital. Ya no quedan muchas oportunidades, ni iniciativas a medias, ni siquiera hay tiempo para una transición pacífica. O las compañías acometen la revolución interna, o muchas están llamadas a un futuro incierto.

William Lewis, exdirector de *The Wall Street Journal,* es de la opinión de que para muchos medios ya es demasiado tarde para adaptarse con éxito a la disrupción que suponen los modelos de suscripción. O utilizando sus propias palabras «si no arreglaste tu casa mientras el sol brillaba, ya es casi imposible hacerlo ahora». Y es que todo va a ir más rápido de lo previsto, «todo lo que pensábamos que sucedería en cinco o diez años se está produciendo en cinco o diez meses»[12].

---

12   The US publishers hiring staff despite news media storm: https://cutt.ly/jjrcz3e

Sin embargo, Lucy Kueng, investigadora principal del Instituto Reuters de la Universidad de Oxford, apunta en otra dirección al considerar que es el momento idónco ya que la pandemia se ha presentado como una oportunidad única para transformar las organizaciones y sus culturas[13]. La COVID-19 ha acelerado los cambios estructurales, ha acortado los plazos para acometer la transformación y ha amplificado enormemente la necesidad de cambios internos. Para Kueng, «las organizaciones comienzan a descongelarse de una manera que nunca antes lo habían hecho». El reto para los líderes es desarrollar un conjunto claro de prioridades para avanzar rápidamente y asegurar un futuro sólido. En lo que sí coinciden la inmensa mayoría de los expertos es en que los principales jugadores de cada mercado salen reforzados de la pandemia, siendo ahora más fuertes que en marzo de 2019.

Durante la última década, el mantra de la transformación digital no ha servido para adecuar las organizaciones y los negocios de la gran mayoría de las organizaciones periodísticas. La cultura de estas compañías sigue lastrada por el peso y la inercia del papel. Es justo ahora el momento de acometer el cambio de cultura que permita crear organizaciones que den soluciones y aporten valor a sus comunidades de interés.

A pesar de las dificultades, incluso de la imposibilidad de transformar ciertas organizaciones, muchas otras están trabajando denodadamente para adaptarse a los hábitos y demandas digitales de sus audiencias. Muchas de estas dificultades provienen del propio proceso de transformación

---

13   How publishers can seize the COVID moment for digital transformation: https://cutt.ly/hjrcjFO

digital. El mayor escollo es, sin duda, no disponer de una estrategia clara, lo que provoca que en la mayoría de las ocasiones se acometan acciones de forma un tanto desordenada y aleatoria. Lo que hemos aprendido a lo largo de esta década es que, antes de establecer una estrategia y su correspondiente plan de acción, es fundamental conocer las que definimos como las cuatro dimensiones que la configuran:

1. Estructura y organización.
2. *Inno-managemnent:* el nuevo modelo de gestión.
3. Herramientas y tecnologías.
4. Orientación al dato.

Lo más importante es entender que la transformación nace de la necesidad de dar respuesta a la transformación que han experimentado los propios usuarios. Nuestros lectores son digitales, y por eso, las organizaciones tienen que serlo también.

1. Estructura y organización
. . . .

Hasta ahora, los cambios tecnológicos en el sector se producían para optimizar los procesos de trabajo, pero no eran consecuencia de un cambio de hábito de los lectores. No existía una demanda de los usuarios. La aparición de nuevas tecnologías era sustitutiva, no disruptiva, porque no modificaba la cadena de valor. Los procesadores de texto, por ejemplo, vinieron para sustituir a las máquinas de escribir, simplificando, acelerando y abaratando la producción, pero no modificaban en absoluto ni el producto ni la relación con el lector. La digitalización, sin embargo, provoca un cambio en los hábitos de consumo y, por tanto, da lugar a una reconversión en la cadena de valor. Si el lector es digital, las organizaciones tienen que abandonar la herencia del papel para convertiste en digitales también.

La transformación digital es el camino ineludible para que una organización pase desde un modelo industrial a otro digital. Para ello se hace necesario que la organización vuelva a ser un agente relevante en la nueva cadena de valor *online*. Todo este proceso conlleva integrar las nuevas reglas de la economía digital —diferentes e incluso en ocasiones contrapuestas a las del modelo industrial—. Es decir, hablamos de una reestructuración integral de los procesos, de las reglas y, por supuesto, de la filosofía y la cultura organizacional. Trasformar, por tanto, es rehacer lo que se tenía para crear algo nuevo. Es importe que esta aproximación empiece por una cura de humildad, ya que, para bien o para mal, los medios ya no son ni los únicos ni los más importantes agentes informativos en el ecosistema digital.

Durante las primeras fases de la transformación digital de las redacciones tradicionales, las compañías apostaban por la incorporación de responsables de transformación digital (*chief digital officer*). En el nuevo escenario, las compañías nativas lo hacen por los *product manager* (PM). Poco a poco se va consolidando su papel como artífices del desarrollo de proyectos, que abarca desde la estrategia a la conceptualización, ejecución, seguimiento y comercialización, gracias a lo cual, han pasado a ser una pieza fundamental en la gestión del cambio interno.

Las estructuras organizativas digitales tienen que fijarse en los modelos establecidos por las empresas tecnológicas. Fundamentalmente las *start-ups*, porque están orientadas a la creación de productos y servicios que dan respuesta a los problemas y necesidad de sus usuarios, lo que significa estructuras más dinámicas y menos jerárquicas. Por otra parte, los ciclos económicos y tecnológicosson más cortos y el cambio es una constate imparable. Por ello, las organizaciones tienen que ser capaces de adaptarse y reinventarse rápidamente.

Una vez que se haya identificado el tipo de organización y la estructura organizativa que se quiere, será el momento de diseñar los procesos liderados por un nuevo modelo de gestión, más horizontal y flexible.

2. *Inno-management:* el nuevo modelo de gestión
....

El cambio cultural es una de las piezas fundamentales en los procesos de adecuación al entorno digital. Los actuales equipos directivos tendrán que aprender a desenvolverse también en esta nueva realidad. Los equipos distribuidos conllevan relaciones jerárquicas más horizontales, horarios flexibles e indicadores de desempeño y efectividad diferentes a los instaurados hasta la fecha. En la era posCOVID-19 que ahora se abre, el cambio organizativo prioritario debe producirse en la parte alta de la organización. Y, aunque durante los últimos años ya se estaba produciendo un paulatino rejuvenecimiento de algunos equipos directivos, parece que el periodo que ahora se abre acelerará este proceso. Porque la experiencia y las buenas prácticas del pasado ya no aseguran el éxito en el nuevo paradigma, más incierto y volátil.

En el ecosistema de medios líquidos se requiere un liderazgo más difuso y distribuido, menos jerárquico, más flexible que se sepa adaptar a los cambios. En este sentido, los líderes tienen que saber manejarse en escenarios adversos y crear un entorno en el que se premie el riesgo al cambio, que es el fundamento de la innovación y en donde se apoye el aprendizaje en los modelos de prueba y error.

Los líderes no pueden aspirar a saberlo todo. Las habilidades de adaptación al entorno, coordinación y apoyo a los subordinados deben primar sobre las de control y mando, propias de estructuras muy jerarquizadas. En los espacios de innovación, en los que conviven diferentes perfiles y prima el talento, donde los trabajadores disponen de enormes conocimientos en sus respectivas materias, se tiene que fomentar la toma de decisiones de forma colectiva y consensuada.

Durante las dos últimas décadas, los perfiles digitales, por edad y responsabilidad en el negocio, tenían un escaso peso en la toma de decisiones. A día de hoy sigue siendo insuficiente el número de perfiles digitales que lideran tanto en el *management* como la parte editorial de los grupos tradicionales. Se siguen manteniendo estructuras donde todavía predomina el perfil clásico de periodista de toda la vida. No sorprende por tanto que la rotación más alta se produzca entre perfiles digitales, que no perciben una evolución clara y progresiva de su carrera de profesional viéndose obligados a cambiar de empresa e incluso de sector. Aunque el entorno está cambiando, los periodistas y gestores digitales siguen teniendo, por regla general, una posición gregaria, a la sombra de los perfiles más tradicionales. Esto es así en la prensa, pero todavía más en la radio o en la televisión, donde la transformación digital de las organizaciones lleva un retraso de al menos un lustro.

No es fácil ser un líder en estos tiempos, y no es fácil encontrar entornos que favorezcan su desarrollo y consolidación. Sin embargo, si creemos en la necesidad de contar con ellos para dirigir la transformación, es del todo necesario reforzar y empoderar a los cargos intermedios puros digitales y cambiar la parte alta de la dirección (en su mayoría formada por perfiles bajo la estela de un *management* tradicional). Un nuevo liderazgo que debe caracterizarse por ser más persuasivo, apoyarse en equipos jóvenes, con jerarquías más horizontales y que requerirá, sin duda, nuevos procesos organizativos para culminar sus objetivos.

En esta misma línea se expresa Gabriela Bolognese, *chief digital officer* de *El Mundo* al afirmar que: «Los mandos intermedios juegan también un rol importante en la aplicación de esa estrategia, en abrazar el plan y empujar hasta que se haga realidad. El principal escollo es cuando en realidad es el *top management* el que no quiere o no puede cambiar. Puedes crear una estructura de transformación y tener mandos intermedios con habilidades digitales, pero si la alta dirección está anclada en la cultura del pasado es muy difícil movilizar una organización».

En estos entornos distribuidos, priman las relaciones de confianza, vinculadas a resultados y no al *presencialismo.* Parece inevitable que ante este nuevo escenario muchos editores se enfrentarán a la necesidad de regenerar la parte alta de la organización, tanto como revulsivo para fomentar la cultura digital como para dar cabida al talento de capas intermedias.

Por su parte, los equipos no directivos, formados por *millennials* en su gran mayoría, con una cultura digital más sólida, demandarán nuevas condiciones de trabajo. De esta manera, adquiere relevancia la comunicación interna como vehículo para alinear a las diferentes áreas de la compañía. La comunicación desde la dirección deberá ser clara y regular, que haga entender por qué se toman ciertas decisiones, tranquilice a los equipos y evite la información alternativa no controlada, impidiendo distracciones y una atmósfera laboral poco amigable. Todo ello con el objetivo de extender los valores de la compañía.

Una de las novedades que plantea esta fase de la transformación digital recae sobre los equipos directivos que tienen que replantearse su modelo de gestión de equipos y, por tanto, la búsqueda de un nuevo liderazgo. Tradicionalmente, las organizaciones periodísticas, como en la mayoría de otros sectores, estaban sustentadas por jerarquías verticales con un fuerte grado de *presencialismo*. El trabajo distribuido no presencial conlleva un nuevo liderazgo en el que pesa menos la autoridad. Los líderes en este nuevo escenario están obligados a fomentar la colaboración, la transparencia y la comunicación[14].

En definitiva, se impondrán modelos más horizontales, con indicadores de desempeño orientados a la eficiencia. Del mismo modo, se establecerán proyectos de mejora y crecimiento profesional donde se fomenten las trayectorias de ascenso. La trasparencia será inevitable si se quiere retener el talento de la compañía.

En este sentido, los departamentos de recursos humanos deberán adoptar un nuevo rol que necesitará contar con un componente de liderazgo digital notable. Las denominadas áreas de *change management* u oficinas del cambio, además de las responsabilidades habituales de siempre, tendrán que afrontar otras nuevas como:

- Proveer de recursos tecnológicos (equipos, conexión).
- Favorecer las condiciones de teletrabajo (ergonomía, apoyo sanitario y psicológico, etc.).
- Dinámicas avanzadas de *coaching*.
- Diseño de nuevos indicadores de desempeño.
- Establecer hojas de ruta profesionales dentro de la compañía.

---

14 Leadership in a crisis: Responding to the coronavirus outbreak and future challenges: https://cutt.ly/CkpASgz

- Comunicación interna.
- Consultoría de formación continua (auspiciando la formación interna e impulsando y asesorando sobre autoformación).

Los nuevos formatos que se van imponiendo: más audiovisuales, con más gráficos interactivos y sustentados en su mayoría en datos, requieren nuevos perfiles para su elaboración, distribución y comercialización. Para ser innovadores los medios tienen que incorporar otros perfiles y talento que actualmente escasean en la mayoría de las redacciones: científicos de datos, programadores, infógrafos, guionistas y editores de audio y vídeo, etc.

Pero, para que el talento se desarrolle y no se pierda, se requiere de un ecosistema particular. Para conseguirlo, las organizaciones deben ofrecer las condiciones adecuadas, lo que denominamos el ecosistema innovador dentro de la empresa. Esto es, empresas menos jerárquicas, más horizontales y dinámicas, en las que la toma de decisiones sea más rápida y, sobre todo, en las que se potencie el riesgo sin miedo al fracaso. También es necesario innovar en el *management*, creando procesos y dinámicas más ágiles, flexibles y eficientes.

Todos estos procesos deben partir del análisis de las diferentes situaciones: tratar los problemas que hay que resolver, qué demandas hay que cubrir y, a partir de ahí, buscar la solución mejor y más sencilla. La innovación y la experimentación, por tanto, no son un fin en sí mismo, sino un medio para dar respuesta a las necesidades de los lectores.

Pero, para la mayoría del sector la gestión de la innovación y del talento sigue siendo un proceso difícil, y muchos de sus responsables no están ni formados ni preparados para liderarlo. Las organizaciones tienen que aprender a gestionar equipos multidisciplinares, derribar silos, implantar procesos y metodologías más dinámicos y ágiles, todo ello con la ayuda de *lo que hemos denominado inno-management*. Además, no hay que olvidar que nos movemos en un entorno complejo e incierto, y con dificultades presupuestarias aún más acuciantes tras la pandemia. En plena crisis de su modelo de negocio, los medios tienen que invertir en su transformación, apostando por tecnología y talento a la vez, siendo difícil competir en salario con las empresas tecnológicas o con otros sectores más rentables. Todo ello explica que les resulte difícil retener el talento, sobre todo los perfiles más digitales que migran a otros sectores que pagan mejor.

David Rowlan, exdirector de la revista *Wired*, y autor del libro *Non-Bullshit Innovation: Radical Ideas from the World's Smartest Minds* acierta al indicar que «en lugar de crear equipos complejos de innovación o poner nombres pomposos a sus responsables sería más eficaz generar pequeños equipos, resilientes y cognitivamente diversos»[15]. En este sentido, una de las áreas más decisivas para crear una cultura innovadora dentro de la organización debería ser el departamento de recursos humanos. De hecho, algunas empresas ya están innovando hasta el punto de que han empezado por cambiarles el nombre, pasando a denominarlas área de talento, oficinas del cambio, etc.

La innovación también puede y debe aplicarse al *management*. Para transformar las organizaciones se requiere un nuevo modelo de gestión capaz de *surfear* las dificultades a las que se enfrentan desde dentro los departamentos.

---

15 What WIRED's former editor discovered on a global quest for non-BS innovation: https://www.linkedin.com/pulse/what-wireds-former-editor-discovered-global-quest-non-bs-david-rowan/

3. Herramientas y tecnologías

Hubo un tiempo en que algunos editores, ante el poder creciente de las plataformas, apelaron a la idea de convertirse en empresas de tecnología, capaces de competir con ellas. Evidentemente, como ha demostrado el tiempo, no tenían ni esas capacidades, ni equipos, ni músculo financiero, y lo que es más importante, la estrategia no era acorde con su misión como empresas informativas. En muchos casos, el enorme esfuerzo y las ingentes inversiones, llevaron a situaciones límite que aún son un lastre para la transformación, desatendiendo además el foco principal: la creación de contenidos de valor para su comunidad de lectores.

Es evidente la importancia de disponer de la mejor y más apropiada tecnología para ser competitivo en todos y cada uno de los eslabones de la cadena de valor. Desde la creación a la distribución y, por supuesto, la comercialización. En el debate de si la tecnología tiene que ser desarrollada internamente o buscar soluciones externas, salvo algunas pocas excepciones, se imponen los modelos en los que los equipos técnicos internos identifican y adaptan a sus necesidades las mejores soluciones que ofrece el mercado. La innovación tecnológica es tan rápida, sofisticada, y afecta a tantos ámbitos del negocio, que se requieren equipos cada vez más especializados para cada uno de ellos: sistemas de creación de contenidos, plataformas de datos, herramientas de analítica, plataformas de publicidad programática, plataformas de suscripción, sistemas de inteligencia artificial, entre otros. Todos ellos requieren un músculo financiero que muy pocas empresas se pueden permitir o son capaces de desarrollar satisfactoriamente.

A medida que este modelo se ha ido imponiendo, los equipos técnicos se han redimensionado y adaptado a sus nuevas funciones. Entre otras, a la importancia de identificar, seleccionar, priorizar e implementar y optimizar correctamente las soluciones más adecuadas para cada mercado y cada situación. En cualquier escenario, más aún en el nuevo del trabajo en remoto y en los modelos distribuidos, es cada vez más recomendable definir claramente para qué sirve cada herramienta y cuál es la que se debe utilizar.

Desde el punto de vista del trabajo interno, las herramientas de seguimiento en tiempo real han actuado como vía de evangelización y agente de impulso dentro de las redacciones. La tecnología genera procesos y estos ayudan a consolidar la cultura. Por ello, encontrar las herramientas y tecnologías adecuadas que se integren en la redacción son una buena medida para apoyar cambios y tendencias de transformación.

Hay una infinidad de soluciones disponibles, pero algunas se están extendiendo más rápidamente, convirtiéndose en habituales en las redacciones de medios de todo el mundo. Es el caso de Slack, una herramienta para comunicaciones internas que debería sustituir en gran medida a los correos o mensajerías del proyecto. Google Drive, WeTransfer o Dropbox son útiles para documentos de colaboración. La asignación de las tareas de los proyectos ocurre en Asana o Trello.

La inclusión de estas tecnologías, sobre todo las de analítica, ayudan a establecer procesos y, aún más importe, ayudan a la redacción a tomar decisiones desde los datos. Sin embargo, en ocasiones se puede correr el riesgo de que se instrumentalice la transformación digital al convertir las herramientas tecnológicas en un fin en sí mismo, en lugar de lo que debe ser: un medio para mejorar el conocimiento de sus audiencias. Las tecnologías, además de ser necesarias para la operativa en el mundo digital, bien utilizadas, son herramientas que ayudan al cambio cultural de la organización.

4. Orientación al dato

Si hay algo que se ha confirmado es que no hay organización que haya culminado el proceso de transformación digital con éxito que no haya hecho su reconversión vinculada a la captación, análisis y puesta en valor de los datos. Los medios con posibilidad de supervivencia, independientemente de su tamaño o del mercado en el que operen, son aquellos cuyo negocio y organización son *data driven* («orientación al dato»).

Por su parte, entre las empresas que han evolucionado y gozan de un alto grado de madurez, observamos dos aproximaciones: las organizaciones *data driven* (basadas en datos), en las que el proceso de toma de decisiones depende casi por completo de los datos, y las *data oriented* («orientadas por datos») en las que los datos son parte del proceso de toma de decisiones.

Con la digitalización, la cultura del dato está cambiando rápidamente las redacciones tradicionales. La introducción de los datos en las diferentes áreas de la organización, y más aún en la redacción, se ha convertido en la palanca de cambio más potente de esta transformación cultural. Ante este escenario los medios necesitan perfiles cada vez más especializados en el análisis y gestión de datos en todas las áreas de negocio.

En general, se puede asegurar que los equipos se sienten más cómodos cuando están «informados» y no «impulsados» por los datos. Un enfoque «informado por datos» resulta más inclusivo, menos obligatorio y menos amenazante para el flujo de trabajo al que estamos tan acostumbrados[16],

---

16 Data driven vs data informed, in the newsroom: https://whatsnewin publishing.com/data-driven-vs-data-informed-in-the-newsroom/

más aún en tiempos de crisis e incertidumbre. Sirva de ejemplo el grupo brasileño RTB[17] que encontró en el diseño de una buena estrategia de datos la fórmula que le sirvió para identificar los problemas más acuciantes y sus causas.

AUDIENCIAS CENTRIC	READERS CENTRIC
• SEO	Reader first
• Usuarios únicos	Lectores
• Mobile first	Multi-canalidad
• Redes Sociales	Comunidad
• Home	Verticales

CAMBIO ORGANIZATIVO	
• Tecnología in house	Partnership
• Integración de redacciones	Equipos multicisciplinares

AGENTE DEL CAMBIO	
• Chief Digital Officer	Product manager

Tabla 1. Comparativa de organizaciones orientadas al tráfico *versus* orientadas al lector. Elaboración propia, 2021.

Eliminar silos

Uno de los mantras recurrentes cuando se acometen proyectos de transformación digital es la necesidad de eliminar los

---

17 Data-driven culture leads Grupo RBS in times of uncertainty: https://www.inma.org/blogs/big-data-for-news-publishers/post.cfm/ data-driven-culture-leads-grupo-rbs-in-times-of-uncertainty

silos de datos. Es decir, conseguir que los datos se compartan entre diferentes departamentos y no sea propiedad solo de un área o equipo dentro de la organización.

Todos los que están sumidos en la transformación de una empresa saben que es más fácil de decir que de llevarlo a la práctica. Además de una apuesta decidida por parte de la dirección, es necesario que se pongan nuevas medidas en marcha que lo hagan posible. Se puede hablar de dos ejes de actuación en este sentido. Por una parte, optar por un modelo SaaS (*Software as Service*, «*software* como servicio», en sus siglas en inglés) que recopile las diferentes fuentes de datos y los almacene, de forma que todo el mundo tenga acceso. Esta opción permite estandarizar, pero generalmente no ofrece una unificación de fuentes. Por ello, hay que desarrollar un segundo eje de «canalización de datos ETL» (extracción, transferencia y carga) que unifique y estandarice los datos de las diferentes herramientas y plataformas —analítica web, CRM, metadatos de contenido, etc.— para que presenten un formato utilizable por todas las áreas.

Para implementar un proyecto de estas características, Guus Bartholomé, responsable digital de Nederlandse Publieke Omroep (NPO), que aglutina varias marcas de televisión, radio y productos digitales, considera que los aprendizajes clave en el proceso de unificar los de datos deben ser los siguientes[18]:

- Identificar los *partners* más adecuados para la analítica digital, ya sean internos como externos a la organización.

---

18   6 ways to implement data unicity in your media company: https://cutt.ly/ SkpDrsB

- Proponer una lista de necesidades y responsabilidades para los agentes implicados.
- Anticiparse a las necesidades de los equipos.
- Minimizar el efecto de las personas más reacias.
- Diseñar un modelo de datos unificado basado en las necesidades.
- Identificar qué herramientas utilizar para el análisis.

Para esto, MittMedia, por ejemplo, creó su propia plataforma centralizada llamada Soldr, que recopila, procesa y envía datos entre todos sus sistemas y herramientas. Es el «cerebro de datos» que actúa como el centro del negocio y de la innovación. La plataforma ha provocado también cambios culturales en la organización, ayudando a establecer nuevos KPI (Indicador Clave de Desempeño, en sus siglas en inglés), lo que ha dado como resultado nuevas alianzas estratégicas entre departamentos que anteriormente no estaban conectados. En el caso de MittMedia han sido capaces de que el conocimiento se distribuya y difunda «en iniciativas interdepartamentales para abordar juntos los desafíos de toda la empresa»[19]. Tradicionalmente, estas funciones han estado separadas por áreas o, incluso, en compañías diferentes. Ello obliga a que en las organizaciones tradicionales, en donde todavía existen silos, «tengan que construir puentes y derribar algunos muros para conseguir que las cosas salgan bien»[20].

Por su parte, el editor noruego de noticias *VG*, propiedad del grupo Schibsted y líder en el panorama mediático de su

---

19   How MittMedia's in-house central data platform has changed the company: https://cutt.ly/MkpDuoX
20   Best practices for product management in news organizations: https://cutt.ly/vkpDpwt

país, también cuenta con una buena experiencia en su estrategia para romper los silos de datos que existían históricamente. Nace como periódico impreso en el año 1945, y cuenta con una historia de éxitos, habiéndose convertido en la actualidad en la plataforma digital número uno del país. Desde que decidieron acometer la transformación digital, uno de sus primeros objetivos fue romper los silos que se habían ido creando a lo largo de los años a medida que se iban desarrollando más y más productos.

Un problema habitual es que los medios están trabajando en muchos ejes, haciendo muchas cosas diferentes en las diversas plataformas digitales. Apuestan por los verticales de nicho, los *podcast*, etc. Pero los lectores no piensan en estos como silos, piensan en la cabecera como un todo. «Para nosotros, ha sido un hecho durante años que hemos estado trabajando en silos… y es importante hablar de eso en este momento porque necesitamos reunirnos internamente para hacer un producto que se adapte a los usuarios. Y luego tenemos que cumplir con las expectativas digitales de más allá del "hombre de 47 años" porque él no es la solución para nuestro futuro»[21]. Estas reflexiones del director de producto de *VG* recogen bien el sentir de una gran mayoría de los gestores de medios responsables de democratizar el uso compartido de datos en sus organizaciones.

Sin duda, las cuatro dimensiones de esta transformación digital afectan a toda la organización, pero sobre todo a las redacciones, que son la sala de máquinas de las organizaciones periodísticas, y que por su propia inercia siguen siendo el área más reacia y difícil de cambiar.

---

21 VG's Chief Product Officer: 'If you don't work on user needs, you won't succeed': https://wan-ifra.org/2021/04/vgs-chief-product-officer-if-you-dont-work-on-user-needs-you-wont-succeed/

V
LA TRANSFORMACIÓN
DE LAS REDACCIONES

Los ejes transversales, anteriormente descritos, pueden abordarse desde diferentes perspectivas y aproximaciones, con resultados e implicaciones diferenciales por sectores, mercados e incluso por tipo de compañías. Además, el efecto de la pandemia está haciendo que la transformación tenga consecuencias novedosas e imprevistas, como analizaremos a continuación.

1. Trabajo distribuido

Con el inicio de las políticas de distanciamiento social, las salas de redacción de todo el planeta tuvieron que interrumpir su trabajo y reconfigurarse rápidamente como espacios digitales distribuidos para poder seguir informando a sus lectores y oyentes. Un fenómeno sin precedentes que, con la perspectiva que ofrece el tiempo, puede asegurarse que fue espectacular por su rapidez en ponerse en marcha y por sus resultados.

En cuestión de horas las redacciones físicas se vieron obligadas a reconvertirse sin perder sus capacidades, y manteniendo los estándares de calidad y seguridad. Poder generar información durante la pandemia ha sido un reto que ha puesto a las redacciones y al resto de equipos ante situaciones extremas, pero al mismo tiempo se ha revelado como una oportunidad.

Desde una visión integral de la transformación, hay que destacar el papel de los equipos tecnológicos y de sistemas que tuvieron que adaptarse rápidamente, sin tiempo para planificar, para que las redacciones pudieran seguir informando y publicando desde su casa. ¿Se imaginan cuánto tiempo y recursos se hubieran requerido en circunstancias normales para poner en marcha un proyecto de estas características y envergadura?

La pandemia puso de manifiesto ciertas carencias e ineficiencias del trabajo presencial, en el que el exceso de tiempo en desplazamientos, las reuniones interminables, los viajes innecesarios, las dificultades de conciliar, entre otros aspectos del día a día, son manifiestamente mejorables.

Llegado este punto, conviene diferenciar entre el trabajo remoto, en el que los equipos hacen sus funciones de forma similar a como lo venían haciendo presencialmente, pero ahora de forma telemática, y el trabajo realmente distribuido en el que, ayudados por la digitalización, se lleva a cabo una reorganización de los procesos y las tareas, buscando una mayor eficiencia de todos y cada uno de los eslabones de la cadena de valor.

Ahora es tiempo de que muchos de esos cambios se consoliden para el futuro. Evolucionar hacia un modelo distribuido es un objetivo que a principios del 2020 pocas redacciones del mundo podrían ni siquiera soñar, y hoy es una realidad. La pandemia debería acelerar el correcto diseño de flujos de trabajo digitales, con el consiguiente ahorro potencial de costes, impulsando la eficiencia y potenciando la conciliación familiar, en definitiva, compañías más eficientes y sostenibles de cara al futuro.

La voluntad decidida de los equipos y profesionales de compartir un objetivo común se convirtió en el mejor agente de la transformación dentro de las organizaciones, impensable si hubiera sido fruto de una decisión de imperativo corporativo. La pandemia ha obligado a los medios de todo el mundo a adaptarse rápidamente a un nuevo modo operativo. Las redacciones y equipos de ventas, como analizaremos al abordar la transformación de estas áreas comerciales, se vieron obligadas en cuestión de días a trabajar en remoto, configurándose como espacios digitales distribuidos[22]. El carácter acelerador de la pandemia no tiene antecedentes recientes en cuanto a su magnitud.

Esta aceleración, que ha tenido especial impacto en los medios durante los dos últimos años, ha ayudado a profundizar en la transformación digital del sector. Pero aún existen enormes desafíos para el negocio de las noticias. Conviene tener en cuenta además que la transformación suele tener un desarrollo asimétrico, con diferentes velocidades según el tipo de organización, el mercado donde operen o los equipos de que dispongan.

Sin embargo, lo que no debería cejar es el empeño por conseguir plenas funcionalidades e incorporar nuevas capacidades de forma estable en cada área: editorial, tecnología y de negocio[23]. Y aunque el teletrabajo puede ser una oportunidad para mejorar ciertos aspectos de las organizaciones y empleados, también plantea dudas sobre aspectos interesantes como la innovación, que requiere encuentros o acciones presenciales.

---

22   Optimising the newsroom of the future: https://cutt.ly/2jrcbAV
23   What will newsrooms look like after the pandemic is over?: https://cutt.ly/KkpD2ya

En este sentido, la consultora Fathm publicó, en pleno confinamiento, un libro blanco[24] con las principales claves para poner en marcha una redacción distribuida. Recogía algunas de las mejores prácticas y recomendaciones estratégicas sobre la implementación de sistemas de trabajo distribuidos en los últimos cinco años. Está dividido en seis «módulos» que se encargan de dar respuesta a los diferentes desafíos y estrategias a los que se enfrentan estas nuevas salas de redacción. Todas las piezas están interconectadas y presentan una imagen holística de los principios y procesos para la transición hacia las redacciones del futuro.

Transcurridos ya dos años desde que la pandemia impuso el trabajo distribuido de forma generalizada, es tiempo de recapitular lo aprendido y sacar lecciones para saber qué es lo que debe dar paso a un cambio estructural y consolidarse en el tiempo y qué es mejor dejar pasar.

- *La flexibilidad de los equipos técnicos.* Si algo se ha demostrado esencial son los equipos versátiles. A pesar de la mala presa que sufren los equipos de IT entre buena parte de las redacciones, durante la pandemia demostraron su pericia y quedó en evidencia la necesidad de equipos versátiles y bien preparados para cualquier tipo de emergencia. Subcontratar esta operativa es un riesgo, pero para muchos medios es inevitable. Lo ideal es disponer de un equipo propio, aunque sea pequeño. Pero cuando no hay más remedio que subcontratar, es muy importante dar prioridad a la versatilidad y la flexibilidad para afrontar procesos adversos e imprevistos. Cuestiones tan simples como la diferencia

---

24   Distributed Newsroom Playbook: https://fathm.distributednewsroom.com

horaria o el idioma son fundamentales para que los equipos técnicos trabajen de forma eficiente.

- *Habilidades digitales en todas las áreas de la organización:* cualquier inversión en formación y en habilidades digitales es poco ante los retos a los que nos enfrentamos. Aunque la formación por sí misma no es un fin sino un medio. Es un error habitual pensar que solo con la formación se transforman las organizaciones. Sin estrategia, procesos y objetivos definidos, la formación no sirve de mucho.

- *Infraestructuras:* al igual que las organizaciones habilitan las mejores infraestructuras posibles de *hardware* y *software* para que sus redacciones funcionen satisfactoriamente, deberían habitarlas también para el resto de los empleados. En los primeros momentos de la pandemia, fue un desafío conjunto que gracias al esfuerzo colectivo terminaron dando evidentes resultados positivos.

- *Estructurar y consolidar los procesos:* muchas de las lecciones aprendidas se han consolidado de forma no estructurada gracias a la inercia de la prueba y error. Pero se volverá a las oficinas y parte de este aprendizaje corre el riesgo de perderse. Por ellos es importante crear manuales con los procesos establecidos de cara a posibles contingencias que se puedan producir en el futuro.

- *Cultura de la colaboración:* si en las organizaciones la información era poder, propiciando durante décadas la consolidación de estructuras muy jerárquicas y la creación de lo que en el argot del sector se define como «silos de datos», en el negocio digital la información compartida es la nueva moneda de cambio. Uno de los retos para que las organizaciones trabajen realmente de forma distribuida es implantar una cultura de la colaboración interdepartamental, en la que se comparten datos e información bajo un objetivo común.

Para evolucionar de un estadio a otro se requiere modificar la cultura organizativa, que como veremos más adelante, no es tarea fácil, pero si una prioridad irrenunciable. ¿Cómo impulsar entonces la cultura colaborativa? Aquí van algunas ideas que nos pueden ayudar a conseguirlo:

- Establecer una estrategia común o *north star* que sea compartida por todas las áreas de la organización.
- Diseñar procesos e implantar modelos de trabajo ágiles.
- Apostar por la transparencia mediante una comunicación clara y constante tanto interna, hacia los empleados, como externa hacia los lectores y clientes.
- Trabajar en la nube y adoptar tecnologías y herramientas colaborativas (Slack, Trello, Mavenlink, *etc.*) que nos ayuden en el día a día.
- Documentar los procesos mediante la elaboración de *playbooks* (cuadernos de trabajo) en los que se documenten los trabajos, buenas prácticas, procesos, etc.

Nuevos retos

Sin embargo, no todo ha sido tan positivo y beneficioso como se esperaba. Microsoft en EE. UU. analizó[25] durante los primeros seis meses de 2020 los datos de envío de correos

---

25   The effects of remote work on collaboration among information workers: https://www.nature.com/articles/s41562-021-01196-4.pdf

electrónicos, gestión de calendarios, mensajes instantáneos, llamadas de vídeo/audio y horas de trabajo de 61.182 empleados suyos para conocer los efectos del trabajo remoto en toda la empresa, en cuanto a la colaboración y la comunicación interna. Según este análisis, el trabajo a distancia en toda la empresa hizo que la red de colaboración de los trabajadores se volviera más estática y se potenciaran los silos, con menos puentes que permitieran la interpelación entre partes dispares de la organización.

Además, se produjo una disminución de la comunicación sincrónica —comunicación en tiempo real de manera simultánea, como las llamadas o la mensajería instantánea— en favor de la comunicación asincrónica —efectuada de forma diferida, por ejemplo, a través del correo electrónico—. En general, estos últimos se muestran más propicios para transmitir información mientras que los canales sincrónicos son más adecuados para contextualizar y enriquecer el significado de la información. Los medios asíncronos transfieren mejor información detallada, por ejemplo, un documento a través de correo electrónico, pero los síncronos generan o consolidan conocimiento contextualizando y aclarando cualquier aspecto de forma inmediata. Para los trabajadores resulta beneficioso tener acceso a información nueva, información que se adquiere a través de interacciones formales e informales con diferentes partes de la organización. Los datos del estudio ponen de manifiesto que, si no se corrige por otras vías, el actual modelo de trabajo remoto potenciará silos de datos e información y lastrará la innovación.

Todos estos efectos negativos pueden dificultar que los empleados adquieran y compartan nueva información. Por ello hay que potenciar modelos que minimicen o eviten los efectos negativos del trabajo remoto continuado.

En este contexto se consolidan los modelos híbridos, que deben estar diseñados para facilitar la flexibilidad de los empleados, de tal forma que les permitan una mayor y más eficaz organización y gestión de su tiempo, alternándolo con las ventajas del trabajo presencial. Las organizaciones periodísticas son entornos de talento, en los que las estructuras informales pueden potenciar la creatividad. Es evidente que la interacción entre personas es la fórmula más adecuada para comunicar información e ideas complejas. En este sentido, surge la necesidad de repensar y rediseñar las actuales redacciones, tanto desde el punto de vista físico como en lo que se refiere a procesos y flujos de trabajo.

2. El rediseño las redacciones

Ante este escenario el sector se enfrenta a la necesidad de replantearse los modelos existentes hasta la fecha y tomar decisiones pensando en el futuro más inmediato. Este rediseño de los modelos existentes implica repensarlo todo. Por ejemplo, los espacios físicos, desde el tamaño de las redacciones a su ubicación —con la posibilidad de retornar de nuevo al centro de las ciudades en lugar de en la periferia—. De esta forma las empresas se han visto obligadas a revisar su política de viajes, por ejemplo, y, aunque el contacto y las reuniones físicas seguirán siendo importantes, se ha normalizado, aunque de forma asimétrica, la flexibilidad en los horarios y días de trabajo, coincidiendo además con las necesidades de conciliación de las plantillas. Para ello, se necesitará establecer protocolos y procesos ágiles, destinados a la optimización del trabajo del día a día. Se requerirá inversión en equipamientos y tecnología y una apuesta decidida por planes de formación continua. Será fundamental el papel que jueguen en adelante los departamentos de recursos humanos que tendrán que acompañar a los equipos en este nuevo escenario. Y tendrán que experimentar, también en primera persona, un proceso de transformación sin precedente, teniendo que convertirse en agencias internas del cambio.

Ante esto, parece evidente que algunas de las novedades que ha traído el teletrabajo han venido para quedarse. Tras las primeras semanas en las que se produjeron ciertas dificultades, la mayoría de las redacciones han comprobado que pueden trabajar eficientemente de forma distribuida. Estos cambios han empezado a consolidarse en acciones concretas de empresas de relevancia como Twitter, cuyo CEO anunció en abril de 2020 que permitiría que algunos de sus empleados pudieran trabajar desde su casa de forma permanente[26]: «Si nuestros empleados tienen una función y una situación que les permite trabajar desde casa y quieren hacerlo indefinidamente, permitiremos que sea posible».

McClatchy fue uno de los primeros grandes grupos de comunicación en adoptar decisiones de mayor calado al decidir que siete de sus periódicos dejen sus oficinas de forma indefinida. Las redacciones de Miami, Charlotte, Washington DC, Columbia, junto con las tres de California, abandonarán sus actuales edificios —que habían sido vendidos con anterioridad por la bancarrota del grupo— y trabajarán a partir de ahora de forma remota, con el objetivo de ahorrar costes y priorizar los puestos de trabajo. Según comunicó la propia compañía: «Enfocaremos nuestros recursos donde sea más importante: salvar empleos y cumplir con nuestra

---

26 Twitter Will Allow Employees To Work At Home Forever: https://cutt.ly/5kpDMHc

misión de producir un periodismo local fuerte e independiente para las comunidades a las que servimos»[27].

Según una encuesta realizada[28] por el Instituto Reuters a 132 directivos en medios de 42 países diferentes, concluye que el «trabajo híbrido» pronto será la norma para una gran mayoría de redacciones: algunos periodistas estarán en la redacción y otros en remoto. En torno a un tercio de los participantes ya tienen definidos los principales cambios y están en condiciones de implementar el trabajo híbrido, pero la mayoría, el 57 % del total, aún tratan de dilucidar la mejor forma de llevarlo a cabo. Aunque no alcanza el 10 % los que pretenden volver al modelo laboral que había antes de la pandemia.

Tal vez sea el momento de reinventar el concepto físico de redacción y buscar alternativas a los modelos actuales. De hecho, son muchos los medios que están abandonando sus edificios para buscar otros espacios de trabajo. Los edificios de los periódicos han tenido un importante carácter simbólico, tanto que han influido en la fisonomía misma de las ciudades. Baste recordar que Times Square recibe su nombre del edificio One Times Square en donde se encontraban las oficinas de *The New York Times* a comienzos del siglo xx. Nikki Usher, profesora de la Facultad de Medios de la Universidad de Illinois, mantiene que los edificios tendían a ubicarse en los centros urbanos cerca del poder, de tal forma que proyectaban también su propio poder. En la era digital, en la que el poder es más difuso y distribuido, las organizaciones

---

27   Seven news outlets in the McClatchy chain will move out of their offices for the rest of the year: https://cutt.ly/KkpDX24

28   Changing Newsrooms 2021: https://reutersinstitute.politics.ox.ac.uk/sites/default/files/2021-11/Cherubini_et_al_Changing_Newsrooms_2021.pdf

periodísticas tienden a serlo también. Ya no requieren de espacios emblemáticos, sino de nodos globales bien interconectados. En este sentido, los intangibles cobran más relevancia que en la era industrial, siendo la marca —como analizaremos más adelante— uno de los más importantes.

Por ello, las redacciones tienden a ocupar otros espacios y territorios. La necesidad ha llevado a ser imaginativos y creativos también en este sentido. Es el caso de multitud de medios locales e hiperlocales de los EE. UU. que han apostado por la búsqueda de otros espacios para sus redacciones. La de *NowCastSA* en San Antonio trabaja desde la biblioteca central de la ciudad. La publicación llegó a un acuerdo por el que puede disponer de un espacio para sus oficinas a cambio de retransmisiones en directo de eventos de la biblioteca. La conexión entre bibliotecas y periódicos está muy extendida, y no solo en pequeñas ciudades, también se da en grandes ciudades como Boston, en donde GBH tiene un estudio en la biblioteca pública de la ciudad. Otra ciudad es Dakota del Sur, donde hasta 13 bibliotecas albergan alguna modalidad o tipo de organización de noticias[29].

Si las sinergias existentes entre los periódicos y las bibliotecas son evidentes, no lo son menos con las universidades. Siempre ha existido una relación directa, y ha sido habitual que en su seno se crearan medios de comunicación, aunque fueran *amateurs*, como vía de formación y experimentación de los estudiantes. Menos habitual ha sido que los medios de comunicación profesionales se refugiaran en los campus universitarios para poder sobrevivir.

---

29 Do newsrooms have to be in … newsrooms?: https://www.poynter.org /business-work/2021/do-newsrooms-have-to-be-in-newsrooms/

En otros lugares se han buscado soluciones más disruptivas como *The Sentinel* en la ciudad de Marfa en Texas, en donde la redacción convive con una cafetería y un bar de cócteles en el que es habitual celebrar bodas. La imagen, que puede resultar divertida, es un síntoma del paulatino desierto informativo al que se enfrenta una parte muy importante de los EE. UU. En torno a 2100 periódicos que llevaban funcionando más de 15 años han cerrado sus puertas, lo que representa más de una cuarta parte de los mismos, según un estudio realizado en 2020 por la Escuela Hussman de Medios y Periodismo de la Universidad de Carolina del Norte[30].

Son muchos los aspectos que hay que tener en cuenta a la hora de invertir en las redacciones del futuro. Entre las principales acciones que habría que implementar cabría destacar las siguientes:

- La dotación de equipos y herramientas tecnológicas a todos los empleados.
- El rediseño de los procesos y flujos de trabajo para que sean más ágiles.
- Establecer nuevas métricas para la evaluación del desempeño.
- La apuesta por el *coaching* y la mentorización personalizada.
- Itinerarios de formación continua.

Muchas empresas periodísticas están experimentando los modelos híbridos para reestructurar sus espacios laborales de cara a la vuelta al trabajo. Speak Media, un proveedor de

---

30 News deserts and ghost newspapers: will local news survive?: https://
    www.usnewsdeserts.com/reports/news-deserts-and-ghost-newspapers
    -will-local-news-survive/

contenido multimedia para clientes corporativos (B2B)[31], dio por finalizado el contrato de arrendamiento de su oficina en Londres para establecer un modelo híbrido. Su fundador, George Theohari, quiere que los empleados sigan trabajando en casa, para lo que apuesta por reuniones virtuales breves y temáticas, así como mantener sesiones improvisadas. A medio plazo, planea alquilar un espacio en una instalación de *coworking* en Londres para que el personal pueda reunirse allí y celebrar sesiones de equipo con clientes, o simplemente porque «quieren levantarse del sofá por un día». En España, medios como *elDiario.es* o *El Confidencial* han rediseñado durante la pandemia sus respectivas sedes para adecuarse al nuevo escenario y modelo de trabajo, y han diseñado espacios que les permitan hacer eventos o encuentros que fortalezcan la relación con su comunidad de suscriptores.

3. Hacia las organizaciones adaptables

Para dar respuesta a los modelos distribuidos, la transformación digital de las empresas, tal y como la entendíamos hasta la fecha, parece ser insuficiente. Surge el concepto de organizaciones adaptables, aquellas que han sido capaces de desarrollar «un mecanismo o instinto reflejo para lidiar con cualquier crisis que se presente, ya sea financiera, tecnológica, ambiental o relacionada con la salud»[32]. Nacen así los procesos

---

31 Del inglés *business-to-business* hace referencia a las transacciones comerciales entre empresas, es decir, a aquellas que típicamente se establecen entre un fabricante y el distribuidor de un producto, o entre un distribuidor y un comercio minorista.

32 The Secret of Adaptable Organizations Is Trust: https://hbr.org/2021 /03/the-secret-of-adaptable-organizations-is-trust?utm_campaign=hbr

para la adaptabilidad —un conjunto de principios y conceptos provenientes del diseño, que se transponen al lenguaje de la gestión—. Estos principios, que deberían inspirar a los gestores para impulsar la capacidad de adaptarse a la cultura de la empresa, podrían resumirse en los siguientes:

- *Misión y propósito.* Tiene que quedar definido el propósito de la transformación, que tiene que contar con las metas, prioridades, reglas y límites necesarias para su implementación. Porque el cambio es ya una dinámica constante. Para ello es importante que las acciones individuales estén orientadas al objetivo común.
- *Liderazgo.* En esta nueva etapa, es importante no equivocarse en la identificación y selección de los líderes que van a pilotar el proceso de cambio y adaptación. Porque tienen que dirigir un nuevo concepto de equipos que se crean y diluyen según proyectos concretos, que están orientados a objetivos concretos y que tienen que tener capacidad y versatilidad de adaptación al entorno según cada circunstancia. En definitiva, un liderazgo para equipos flexibles, diversos y multifuncionales.
- *Hay que probar, no suponer.* Testar y experimentar para obtener certezas y no suposiciones. Los resultados permiten saber si vamos por el camino correcto o no. Lo que no se prueba no existe.
- *Serendipia.* Hay que impulsar las interacciones directas, tanto las planificadas como las aleatorias entre personas dentro de la organización para encontrar reacciones imprevistas e inesperadas. El intercambio de ideas y experiencias diferentes es parte de la cultura de la innovación. Las conexiones dinámicas mejoran la toma de decisiones e impulsan nuevas ideas y proyectos con un objetivo común.

4. Periodismo colaborativo

Este camino hacia las organizaciones adaptables impulsa la necedad de buscar nuevas interacciones dentro y fuera de la compañía. El incierto escenario al que se están enfrentando los medios, en el que el músculo editorial, tecnológico y financiero será cada vez mayor, les ha llevado a buscar alianzas sectoriales, improbables hace unos pocos meses. Los medios más pequeños o con más dificultades económicas tendrán que explorar las posibilidades de unirse, incluso con sus antiguos competidores, a la caza de un objetivo común.

Asistimos así al surgimiento del concepto de «consorcio de cobertura» o «periodismo colaborativo» que se está convirtiendo en tendencia ya que algunos editores requieren optimizar más recursos para sobrevivir. Algunas redacciones locales de los EE.UU. están uniendo fuerzas para la cobertura de temas complejos como ha sido el del coronavirus. Aunque las primeras iniciativas de este modelo colaborativo se produjeron a comienzo de los años ochenta, el tremendo impacto de la COVID-19 lo ha hecho renacer[33], principalmente en los mercados en donde la prensa local está siendo más castigada, como en el Reino Unido o en los EE.UU., pero también se está extendiendo rápidamente a otras latitudes.

Son muchas las iniciativas en los EE. UU. que están apostando por este modelo[34]. Associated Press asegura que ha trabajado con casi dos docenas de organizaciones de noticias

---

33 What is collaborative journalism?: https://cutt.ly/wkpDBf2
34 How journalists are working together to cover the COVID-19 pandemic: https://cutt.ly/ZkpDSs5

de Colorado[35] para cubrir la respuesta del Estado a la pandemia, utilizando una herramienta lanzada por AP llamada StoryShare que permite a las salas de redacción compartir contenidos y planes de cobertura. En Oregón, más de una docena de medios de comunicación, incluidos *Salem Reporter, The Oregonian y Eugene Weekly,* han acordado compartir y promover la cobertura de la COVID-19. En New Hampshire, un grupo de medios de comunicación se han agrupado bajo el nombre Consorcio Granite State News[36] para cubrir conjuntamente la pandemia. En Carolina del Norte, 22 periódicos están colaborando para compartir noticias estatales como parte de la iniciativa North Carolina News Collaborative. Las redacciones de estos medios situadas en las ciudades de Pensilvania, Oregón e Illinois colaboran con las organizaciones estatales para dar cobertura informativa local. También en Florida y en el Medio Oeste las salas de redacción se han unido para cubrir temas específicos como el medio ambiente[37].

Dentro de estas asociaciones innovadoras, los medios impresos están encontrando oportunidades. El periodo británico *JPI* ha potenciado las asociaciones estratégicas con varias fuentes externas de manera innovadora: «Nos han llevado a un nuevo territorio para los medios locales y tienen el potencial de llevarnos mucho más lejos». Con la BBC, han acordado un proyecto denominado Democracia Local[38] que se encarga de enviar reporteros para ayudar a cubrir el

---

35 Colorado newsrooms unite to cover COVID-19: 'A pandemic calls for something like this': https://cutt.ly/NkpDFjL
36 https://www.collaborativenh.org/partners
37 Colorado newsrooms unite to cover COVID-19: 'A pandemic calls for something like this': https://cutt.ly/2kpDHzR
38 Local Democracy Reporting Service: https://www.bbc.com/lnp/ldrs

denominado «déficit democrático». A través de esta asociación, la Unidad de Datos Compartidos de la BBC está ayudando a los reporteros de *JPIMedia* con nuevas habilidades en el periodismo de datos. En palabras de sus responsables: «Para nosotros, esta es la vanguardia de las nuevas habilidades periodísticas, que no necesariamente prevalecen en los medios locales. Nos permite tomar todo tipo de información y convertirla en historias muy valiosas que se pueden utilizar en diferentes formatos en toda nuestra cartera». Gracias a esta incitativa, *JPI* puede cubrir nuevas áreas de contenido que, siendo muy relevantes para sus lectores, no podrían ser tratados con la suficiente calidad como es el caso del impacto de la delincuencia o la salud.

También en España comienzan a darse iniciativas de colaboración entre cabeceras. Primero fue en el ámbito comercial y tecnológico, pero poco a poco se ha ido extendiendo también a la creación de contenidos de forma conjunta. En el ámbito de la publicidad programática ya se pusieron en marcha iniciativas para la creación de mercados programáticos privados (PMP, en sus siglas en inglés), o lo que es lo mismo, ecosistemas tecnológicos en los que las diferentes compañías comparten la explotación comercial de su inventario y sus datos.

Más recientemente, en noviembre de 2021, se presentó Alayans Media, una alianza entre 15 grupos editoriales españoles de noticias con el objetivo de compartir una base tecnológica común que les permita unificar, cualificar y activar audiencias, tanto desde el punto de vista editorial como publicitario.

Pero, como hemos visto con anterioridad, la pandemia parece haber acelerado e impulsado otro tipo de alianzas, no solo comerciales sino también de carácter editorial. Es el caso de *elDiario.es* e *Infolibre* que en junio de 2021 anunciaban una alianza de colaboración gracias a la cual «ambas redacciones sumarán fuerzas en proyectos compartidos que estarán disponibles en los dos medios: temas de investigación, contenidos audiovisuales, grandes reportajes, etc.»[39]. Por su parte, Henneo se ha aliado con el Grupo Joly para la creación de una productora audiovisual que, bajo el nombre de Seneca, será gestionada de forma conjunta para el desarrollo y producción de contenidos para televisión.

5. Orientación a producto

El proceso de aceleración hacia una mayor digitalización de la redacción, unido a la demanda de una creciente diversificación de ingresos y una orientación a los *reader revenue,* requiere ofrecer servicios y productos diferentes. Un nuevo enfoque que se conceptúa en lo que ha venido a denominarse *product thinking,* es decir, un modelo de desarrollo de producto que se caracteriza por identificar un problema y, a partir de ahí, establecer una o varias hipótesis para solucionarlos y testarlos, terminando por elegir el que mejor resultados ofrezca para el problema identificado.

La gestión de productos surge en los años ochenta en el sector del gran consumo, donde empresas como Procter & Gamble hicieron de las marcas el centro de la organización, desarrollando estrategias claramente enfocadas en el cliente. El desarrollo de productos forma parte también del ADN de la industria tecnológica. Durante los últimos treinta años, las grandes compañías de Silicon Valley trabajaron

---

39 *elDiario.es*llegaaunacuerdodecolaboracióncon*Infolibre:*https://cutt.ly/
MkpDLr3

con esta mentalidad dirigida al producto, entendido como aquello que soluciona los problemas de los usuarios y es capaz de generar negocio. Primero fueron las compañías de *hardware*, como Hewlett-Packard, luego las compañías de Internet —eBay, Paypal, Google, Facebook— y es ahora cuando se está asentando en los medios[40].

En el sector, cuando hablamos de producto nos referimos a aquellas soluciones o funciones en las que colaboran diferentes partes de la organización. Esto significa que el producto impregna toda la organización. Se pueden establecer cuatro categorías[41]:

- Orientación al consumidor/plataforma, que puede incluir: web, aplicaciones, boletines, periódicos electrónicos, *podcast*.
- Desarrollo de productos (multiplataforma), que pueden incluir: pago, experiencias de muro de pago, personalización, notificaciones, entre otros.
- Herramientas internas, que pueden incluir: CRM (*customer relationship management*), CMS (*content management system*), herramientas publicitarias.
- Herramientas B2B, que suelen ser herramientas internas que se han desarrollado internamente y se venden por separado, como ARC de *The Washington Post* o Sophi de *The Globe and Mail*.

Según Raquel de Aymerich, que ha colaborado en diferentes grupos y medios como BBC, Weblogs S.L., *eltiempo.es,*

---

40   Cagan, M. (2008). Inspired, how to create tech products customer Love. Wiley.
41   INMA Product Initiative: https://www.inma.org/blogs/product-initiative/post.cfm/inma-product-initiative-highlights-4-early-lessons

entre otros, «para la implementación efectiva de una cultura de producto en una empresa es imprescindible contar con una misión y una visión clara y con unos objetivos comunes a todas las áreas del negocio, entre los que se incluyan objetivos concretos de producto. Es fundamental que distintas áreas del negocio cuenten con objetivos compartidos. Por ejemplo, el área de desarrollo de producto y el departamento comercial tienen que tener objetivos comunes y alineados con el resto de la empresa que les permitan ir de la mano y trabajar de forma conjunta hacia la misma meta».

A su vez, comprender el ciclo de vida del producto[42], saber cómo funciona, se ha convertido en una necesidad dentro de las compañías de medios. Para la mayoría de los equipos de producto, el 90 % o más del tiempo está dedicado a optimizar el producto actual en lugar de desarrollar productos completamente nuevos.

Las compañías de medios más exitosas son organizaciones que gozan de estructuras que ofrecen respuesta a las necesidades de los lectores, lo que se materializa en una comprensión clara de los productos y servicios a lo largo de todas y cada una de las áreas de la compañía. Toda la organización está alineada para dar respuesta a las necesidades de los lectores y no al interés de una sección concreta o a los intereses particulares. Crear esta cultura, como intentaremos analizar a lo largo de los siguientes capítulos, es, si no la principal, una de las más acuciantes prioridades a las se enfrentan los medios.

Es inevitable hablar, de nuevo, de *The New York Times* como ejemplo de orientación a *product thinking.* En su nota

---

42   INMA Product Initiative highlights 4 early lessons: https://www.inma.org/blogs/product-initiative/post.cfm/inma-product-initiative-highlights-4-early-lessons

interna de presentación, la directora de producto indicaba que «para acometer los retos del negocio, la compañía convertiría el producto en el motor comercial central de la empresa». Con este objetivo, el periódico se ha dividido en equipos que administran «misiones» correspondientes a los objetivos y funciones del producto. Esta cultura de producto representa para la compañía «una de las mayores oportunidades: la idea de obtener productos reales para aumentar el compromiso orgánico»[43].

El periódico emblema de la transformación digital reconocía que su éxito se ha basado en la forma en que las personas trabajan juntas con el objetivo siempre en mente de solucionar las necesidades y demandas de sus lectores. Para ello han creado un modelo basado en diferentes tipos de equipos de trabajo, a los que denominan «funciones», formado por profesionales con los perfiles habituales y otros nuevos: periodistas, diseñadores, gerentes de producto, ingenieros, científicos de datos, responsables de los estándares y la excelencia dentro de su desarrollo profesional, crecimiento y comunidad.

A partir de ahí, se crean equipos llamados «misiones»: «Las misiones son grupos de equipos multifuncionales que persiguen la misma meta u objetivo de alto nivel», según cuenta Alexandra Hardiman, directora de producto. *The New York Times* tiene dos tipos de misiones: misiones del programa, que se centran principalmente en productos y experiencias de cara al consumidor, y misiones de plataforma, que se centran en tecnologías e infraestructuras subyacentes. Este enfoque multifuncional es una prueba de cómo la disciplina de la gestión de productos ha cambiado fundamentalmente

---

43 Here's The New York Times' vision for its product team, now under Alex Hardiman's leadership: https://cutt.ly/BkpDT3K

la organización. «Ya no tenemos un conjunto único de habilidades que buscamos cuando contratamos a alguien», sostiene Hardiman. «Los gerentes de producto necesitan juicios editoriales realmente excelentes para poder ganarse la confianza de la sala de redacción y comprender cómo equilibrar el juicio humano con datos e información valiosos, mientras que otros requieren una experiencia técnica o de aprendizaje automático realmente excelente».

La diversidad y especialización del talento se ha convertido en un gran objetivo para *The New York Times*: «Es esa brillante combinación de talento lo que creo que nos está dando más confianza en nuestra capacidad para enfrentar los tipos de problemas de negocios y periodismo que nadie tenía realmente resueltos antes. Por eso, no puedo exagerar la importancia de nuestro talento y cómo nos organizamos y trabajamos juntos para alcanzar la capacidad de ejecutar nuestra discusión sobre el éxito»[44].

Como venimos observando, el *product thinking* se va imponiendo rápidamente como modelo estratégico en la redacciones más innovadoras del planeta, siendo de tal relevancia que ha llegado a definirse como *the new journalism*[45]. Para Gaurav Sachdeva, director de producto del *Singapur Press Holdings:* «Los PM, cuyas fortalezas están en la experimentación y en su capacidad de extraer conclusiones basadas en datos cuantificables, pueden ayudar a introducir nuevas formas de pensar y prácticas que mejoren el negocio»[46].

---

44 *New York Times* digital strategy laid the foundation for its product strategy: https://www.inma.org/blogs/ideas/post.cfm/new-york-times-mobile -strategy-laid-the-foundation-for-its-product-strategy
45 Product management is the new journalism: https://cutt.ly/skpDON3
46 How product managers are rejuvenating journalism: https://cutt.ly/ ckpDIhs

Pese a ello, para el reconocimiento generalizado de este rol todavía queda mucho camino por recorrer. Según el informe *Journalism, media, and technology trends and predictions 2021* del Reuters Institute, el 43 % de los directivos de medios encuestados creen que el papel de los *product manager* en sus compañías «no son bien entendidos pese a que el 93 % considera su papel "importante"».

En conversación con José A. Navas, jefe de producto de suscripciones en *El Confidencial,* nos aseguraba[47] que en su caso, que lleva alrededor de ocho años trabajando como jefe de producto en medios, tras haber ejercido como periodista, «sí que noto una evolución evidente en el reconocimiento y la comprensión de la labor de este puesto en los últimos años. En cualquier caso, depende mucho de la madurez digital de la compañía. En empresas menos maduras el puesto no existe o, de existir, se malinterpreta como un mero enlace que lleva las peticiones de negocio al equipo de desarrollo. En empresas más maduras su papel crece y participa en la estrategia y visión de la compañía».

Entre estas empresas más maduras, destacamos la estrategia de *The Wall Street Journal,* que desde un punto de vista de producto y para poder adaptarse a los tiempos cambiantes, han optado por procesos colaborativos en los que participan múltiples departamentos que convergen en un solo objetivo. Para ello han puesto en marcha lo que denominan enfoque centrado en MACU —acrónimo de miembros, audiencias, clientes y usuarios—. Este tipo de procesos no puede quedarse en una semántica atractiva y llamativa, tiene que implicar acciones que les ayuden de verdad a desarrollar una cultura de producto en la sala de redacción. O como indica

---

47   Entrevista personal, realizada *online,* enero 2021.

Louise Story, directora de estrategia de noticias y directora de productos y tecnología de la compañía: «MACU se ocupa de en qué se enfocan y en cómo trabajan juntos»[48]. Reúne varias disciplinas, incluida la sala de redacción, el servicio al cliente, el diseño de productos y la tecnología y la membresía, todo impulsado por un propósito común.

Danny Crichton, de *TechCrunch*, sobre el modelo de suscripción de su sitio de noticias especializado en tendencias tecnológicas[49] apunta a que «toda *start-up* necesita una estrategia de producto», y su producto *premium*, que nació bajo el nombre de Extra Crunch, no fue una excepción. Ese espíritu «startapero», innato en las empresas nativas digitales es algo que las tradicionales, aunque les cueste, tienen que integrar en todos sus procesos, lo que como veremos requiere una apuesta por la transición cultural.

Por su parte, el periódico sueco *VG* se plantea siempre una serie de preguntas[50] antes de desarrollar un nuevo producto. Preguntas destinadas a saber si el producto en cuestión resuelve algún problema y, sobre todo, cuál es la propuesta de valor que la empresa puede ofrecer para resolverlo. A partir de este momento hay que pensar lógicamente en el usuario al que va destinado. Una vez que se tengan las respuestas a estas preguntas, se analiza el mercado para saber si existen soluciones similares por parte de los competidores, y por último si la

---

48   How *The Wall Street Journal* uses a focused approach to build product thinking: https://wan-ifra.org/2021/07/how-the-wall-street-journal-uses-a-focused-approach-to-build-product-thinking/

49   Product lessons from building our subscription service Extra Crunch: https://techcrunch.com/2019/10/15/product-lessons-from-building-our-subscription-service-extra-crunch/

50   VG's Chief Product Officer: 'If you don't work on user needs, you won't succeed': https://wan-ifra.org/2021/04/vgs-chief-product-officer-if-you-dont-work-on-user-needs-you-wont-succeed/

compañía está en disposición de hacerlo. Si la respuesta a estas cuestiones es afirmativa, se procede a establecer las métricas que permiten medir el éxito, y se identifican los requisitos críticos para su puesta en marcha. A partir de ahí, ya están en condiciones de ponerse a trabajar en el producto mínimo viable (PMV) y en planificar el lanzamiento.

De esta forma, se podría resumir el proceso en tres ejes validos de actuación como guía para cualquier organización de noticias:

- *Conveniencia:* que se refiere a las necesidades de las audiencias. Conocer las necesidades e intereses reales del usuario para darle las mejores respuestas.
- *Viabilidad técnica:* ¿es técnicamente posible hacerlo? Porque se puede tener una grandísima idea (de entrada, todos pensamos que nuestras ideas pueden ser fantásticos proyectos) pero puede ser que por tiempo y coste técnico no sea viable.
- *Rentabilidad:* todo lo anterior requiere finalmente que sea económicamente viable.

La orientación hacia el aumento de los ingresos directos (*reader revenue*) requiere evolucionar hacia estructuras orientadas a productos y servicios, lo que representa un cambio no solo conceptual sino una transformación en el conjunto de la organización, empezando por la cultura corporativa. No es lo mismo una organización dedicada a conseguir grandes audiencias para monetizarlas publicitariamente que crear contenidos de valor para que los usuarios paguen por ellos. Ante esta tesitura, para testar la calidad de los productos y servicios que se crean, sería aconsejable que los profesionales de la redacción se preguntaran a sí mismos si ellos pagarían por el contenido que producen.

6. De *user experience* a *client experience*

Una buena experiencia digital es algo que hay que tener muy presente a la hora de convertir lectores en suscriptores o de retenerlos en el tiempo; incluso hay que facilitar que un usuario abandone cuando lo desee.

En esta línea se mueve *Le Parisien*. Aproximadamente el 70 % de la audiencia del periódico francés accede a su contenido a través de dispositivos móviles. Su objetivo es trasladar sus audiencias a las aplicaciones, que presentan tasas de retención considerablemente mayores. Para ello, se han centrado en mejorar su experiencia de usuario ya que «un buen contenido no es suficiente para superar una experiencia de usuario deficiente». Como explica Greg Emerson, especialista en productos móviles: «La aplicación es donde están los usuarios más leales y se merecen un nivel de UX que coincida con lo que ven en otros sitios en sus teléfonos[51]». Emerson, que ha trabajado en cabeceras como *HuffPost, The Wall Street Journal o Newsday*, considera que «una buena experiencia de usuario móvil es clave para conseguir el objetivo que la mayoría de las organizaciones de noticias identifican como una prioridad en estos días: impulsar la lealtad y la retención para construir un negocio exitoso y sostenible a largo plazo» y pone como ejemplo de usabilidad aplicaciones como Instagram o Tinder.

Las empresas de comercio electrónico son un buen espejo para inspirarse en cuanto a la visión integral de la experiencia de usuario y los efectos que tienen en el negocio. Aunque con retraso, los medios están apostando por mejorar la UX (experiencia de usuario) en todos los aspectos posibles con

---

51   News apps fall further behind: https://cutt.ly/ckpFj8s

efectos evidentes. *The New York Times* comprobó que al permitir a los usuarios iniciar sesión haciendo clic en un enlace en un correo electrónico —lo que denominaron «enlace mágico»— incrementaba con éxito el registro en un 2 %. *The Wall Street Journal* aumentó las descargas de aplicaciones en un 450 % mediante el uso de mensajes de texto con enlace. Apostar por la experiencia de usuario a lo largo del *digital journey* del usuario en los *sites* informativos ayuda a mejorar el consumo y, por tanto, impulsa el tiempo de estancia del usuario en el sitio web. Las mejoras técnicas también forman parte de las experiencias y son bien recibidas por el usuario. *The Telegraph* ha hecho grandes esfuerzos por optimizar el tiempo de descarga de inicio de sesión, mejorándolo al pasar de 9 a 5,5 segundos, lo que generó un incremento del 12 % en las páginas vistas por los suscriptores. De nuevo, los datos nos permiten analizar y evaluar cómo beneficiar a nuestros lectores.

Siguiendo esta misma estrategia, *The Economist* ha ido adoptando decisiones con resultados positivos, lo que les ha reportado un incremento constante del número de lectores, cerrando 2020 con una circulación que, combinando edición impresa y digital, se aproxima a los 2 millones. Cuenta[52] Marina Haydn, directora gerente de circulación que han establecido tres pilares fundamentales en los que basan su estrategia para captar suscriptores: centrarse en las necesidades del lector, evidenciando la necesidad de probar distintos precios para los diferentes segmentos de lectores. Centrarse en el lector, para *The Economist*, significa profundizar y fortalecer su compromiso con el cliente, invirtiendo en *marketing*

52　The Economist's 'reader-first' circulation model driving growth: https://cutt.ly/ykpFd1T

on y *offline,* apostando por la captación de registros y por acciones para mejorar la retención.

En este sentido, la experta en producto digital, Raquel de Aymerich, pone el foco en la investigación de usuario como mecanismo para garantizar el enfoque *user centric*. Para Aymerich, «la orientación a producto lleva consigo una orientación al usuario final y a sus necesidades. En primer lugar, es imprescindible definir a nuestro usuario objetivo y a quién vamos a dirigir nuestro producto». A su vez, y de cara a cubrir las necesidades del lector, según la experta en PM, se requiere tener un contacto directo con el usuario y poder obtener datos cualitativos y cuantitativos que den más información sobre sus intereses, sus hábitos de consumo, sus preocupaciones. La investigación del usuario es imprescindible para poder garantizar el desarrollo de una buena experiencia del mismo y la consecución del *product market fit*.

Aunque mayoritariamente ponemos el foco en la experiencia de usuario en relación al producto editorial, no menos importante es orientarla al producto publicitario y, por supuesto, a todo el proceso de suscripción. Básicamente se puede concretar en que una mejor experiencia publicitaria y de suscripción significa una mejor experiencia de usuario, lo que implica lectores comprometidos, más aún cuando se trata de suscriptores que pagan por un acceso de valor. El compromiso por una mejor experiencia de usuario conlleva cuidar también el inventario publicitario, las llamadas a suscribirse o cualquier otra acción que se realice en el sitio web o en el resto de espacios en los que interactuamos con los usuarios (aplicaciones, boletines de noticias, etc.). A lo largo de los últimos años hemos asistido y comprobado cómo la baja calidad de los anuncios ha tenido efectos en la retención de lectores e incluso en atraer a otras anunciantes de calidad. Casi la mitad (47 %) de los anunciantes afirman evitar trabajar con determinados editores debido al elevado número de anuncios de baja calidad que se publican en el sitio web del editor[53].

Para situar al usuario en el centro de la estrategia es necesario disponer de datos cuantitativos y conocer los hábitos de los lectores, de ahí el auge y empoderamiento de las áreas de investigación de audiencias. Al mismo tiempo, también es importante profundizar en los aspectos cualitativos. Algunos medios como el editor holandés *NRC,* perteneciente al grupo Mediahuis, ha llevado esta estrategia hasta el extremo de conocer a sus lectores personalmente. Para ello seleccionó a un grupo de suscriptores a los que visitaron personalmente con el propósito de saber de primera mano qué significaba el periódico para ellos.

Este nuevo enfoque, en el que el cliente está en el centro, debe tener su reflejo tanto en la cultura como en la estrategia. Mayur Gupta, directora de *marketing* y estrategia de *Gannett,* asevera haber pasado de estar obsesionados con la atención de la audiencia a estar obsesionados con sus clientes. Esta posición les ha llevado a centrarse en el valor del usuario en lugar de centrase en el tráfico de los mismos. Con esta nueva orientación hacia productos de calidad que valgan la pena quieren convencer a los clientes para que paguen por ellos.

Esto tiene implicaciones diversas, también en cómo se establecen los indicadores claves de éxito y en las métricas que utilizamos. «El cliente en el centro» significa repensar las métricas. *The Economist* se enfoca en cuatro elementos: contenido, cambios de hábitos, experiencia digital, muros de

---

53 Una mejor experiencia publicitaria es una mejor experiencia de usuario: https://digitalcontentnext.org/blog/2021/05/04/a-better-ad -experience-is-a-better-user-experience/

pago y muros de registro. Esto asegura que los clientes obtengan la mejor experiencia posible. Después de todo, cuanto más comprometido está un cliente, más probabilidades hay de que pague.

7. Cómo hacer lo necesario y dejar de hacer lo prescindible

A medida que se consolida la vuelta a la normalidad, los retos a los que se enfrentan las redacciones van tomando forma. La dinámica del mercado *online*, cada vez más exigente y cambiante, y en un escenario de reestructuración del negocio y con equipos más menguados, está obligando a las organizaciones a ser más eficientes a la hora de priorizar el trabajo que realmente importa y dejar de lado el resto (*stop doing things*). En la transformación de los procesos, la mayor fricción se da cuando los equipos tienen que interrumpir ciertas inercias heredadas de las dinámicas del papel para dar prioridad a las demandas de audiencias digitales. Es decir, dejar de hacer aquellas cosas que requieren gran esfuerzo y que apenas tienen impacto para la consecución de los objetivos de audiencia o suscripción.

¿Cómo sabemos qué acciones merece la pena mantener? El análisis de los datos que proporcionan las audiencias ofrece las pistas necesarias para saber priorizar aquellas a las que merece la pena dedicar más tiempo y desestimar aquellas otras actividades que requieren más dedicación y aportan poco valor. Este valor se puede medir en términos de tráfico o tiempo de lectura, entre otros parámetros. Sabemos que unas pocas noticias generan la mayoría del tráfico. Saber identificarlas para potenciarlas es ineludible si se quieren optimizar recursos. Lo mismo sucede con innumerables procesos y dinámicas internas de la organización.

Para ayudar con esta priorización existen herramientas, como la matriz esfuerzo/impacto, que son de gran utilidad para comenzar a transformar las organizaciones en su día a día.

Otro paso en esta dirección, como sostiene Douglas Smith, creador de la metodología Table Stakes, es ser conscientes de que el objetivo «no es hacer más con menos, sino cómo hacer menos con menos, pero mejor hecho». Como recomienda un informe de la API[54], «tenemos que preguntarnos si al trabajo que hacemos le estamos dedicando un tiempo optimo y por qué». Es lógico que inicialmente existan reticencias y barreras al cambio. Pero enfrentarse a este tipo de cuestiones ayuda a avanzar. Y si los equipos son capaces de aliviar su carga de trabajo, soslayando aquellas acciones que les requería mucho esfuerzo, pero pocos resultados, el objetivo será pues identificar las nuevas acciones que tengan un mayor impacto.

En este contexto, un buen ejemplo es *The Milwaukee Journal Sentinel,* que impuso la creación de una lista de cosas que había que dejar de hacer, y que actualiza continuamente. Aunque pueda parecer fácil, su ejecución no lo es, como manifiestan sus responsables: «Tener una lista permite recordar nuestro compromiso, seguir nuestro progreso y celebrar nuestras victorias. También es imprescindible revisar la lista de forma constante».

Para identificar qué se puede dejar de hacer, lo primero que hicieron fue establecer los cuatro ejes que definen su estrategia y preguntase si las acciones en cuestión cumplían alguna de estas cuatro cuestiones fundamentales: 1) si

---

54   How newsrooms can do less work – but have more impact: https://www.
      americanpressinstitute.org/publications/articles/how-newsrooms
      -can-do-less-work-but-have-more-impact/

la acción contribuye o no a atraer audiencias, 2) si ayuda a involucrar al usuario con la marca 3) si permite obtener más información sobre la audiencia para conocerla mejor y 4) si contribuyen a que el lector pague. Si la respuesta es negativa en las cuatro cuestiones, esa actividad hay que dejar de hacerla.

Los resultados fueron sorprendentes, ya que descubrieron que no solo había que dejar de hacer trabajos destinados a la edición impresa —lo que era bastante previsible—, sino que también existían muchas acciones digitales poco efectivas. Y ponían ejemplos como «tuitear manualmente todas las cuentas, publicar en páginas de Facebook que apenas tenían seguidores o mantener ciertas secciones que no tenían ningún tráfico[55]».

Otro factor que hay que considerar para impulsar los modelos híbridos es la importancia que ha adquirido para algunos profesionales disponer de más flexibilidad horaria. El talento ha cambiado su escala de valores y demanda nuevas necesidades más allá de salarios competitivos. La flexibilidad temporal —poder planificar y disponer de su tiempo— y geográfica —poder elegir desde donde se trabaja— son ventajas cada vez más demandadas. Nos encontramos en un nuevo escenario donde los profesionales son ahora nómadas digitales: profesionales con alta cualificación que pueden trabajar de forma remota sin necesidad de estar «anclados» permanentemente a un espacio físico, ya sea una oficina, una ciudad o un país.

Estamos observando esta nueva tendencia de nomadismo digital, sobre todo en los perfiles más técnicos,

---

55   How the Milwaukee Journal Sentinel focused on prioritizing with a «Stop Doing» list: https://betternews.org/milwaukee-journal-sentinel -focused-prioritizing-stop-list/

precisamente el talento más necesario para las organizaciones en el momento actual. Por ello se hace necesario ofrecerles las condiciones que necesitan si se quiere evitar que otras industrias les ofrezcan condiciones laborales más adecuadas para este tipo de perfiles. Si los manager no son conscientes de esta nueva realidad, se convertirá en un problema para atraer talento. Y no solo será un problema para los medios sino también para un país si se aspira a tener un papel relevante en la economía del talento. Según datos de un estudio realizado por Adecco,[56] en el segundo trimestre de 2021 casi dos millones de personas en España seguían teletrabajo, lo que representa un 9,4 % de los trabajadores de nuestro país, pero solo el 0,3 % de las ofertas de empleo dan la posibilidad del trabajo remoto, quedando muy alejado de la media europea que se situaba en el 12 % de las ofertas.

Paradójicamente, los editores y gerentes, llevados por la sensación de control que sigue imperando en el *management* tradicional, querían volver cuanto antes a situación prepandémica, en la que todo el equipo trabajaba codo con codo en la redacción. Sin embargo, en la nueva situación pospandemia, los equipos demandan más flexibilidad que les permita conciliación familiar. Así lo pone de manifiesto una encuesta realizada por Aviva que constató que el 95 % de su personal elegiría el trabajo remoto a tiempo completo o una división flexible de la oficina en el hogar una vez que terminen las restricciones[57].

---

56   Remote Work in Western Europe: https://www.adeccoinstitute.es/informes/informe-adecco-remote-work-in-western-europe/
57   Remote Work Won't Be Going Away Once Offices Are Open Again: https://www.bloomberg.com/news/articles/2021-03-05/work-from-home-workplaces-will-let-employees-mix-home-and-remote-work

La decisión de apostar por el trabajo distribuido, aunque aparentemente y en términos generales sea positiva, conlleva también problemas que solventar como el cierre de redacciones en donde trabajar físicamente. Un ejemplo, es Reach[58], la compañía británica propietaria de periódicos como *The Mirror, The Express* o *Daily Star,* y otros muchos periódicos regionales en el Reino Unido e Irlanda, que hizo pública a comienzos de 2021 su intención de que tres cuartas partes de su personal no volverían a trabajar en la oficina a tiempo completo. El anuncio implicaba el cierre de docenas de redacciones en ciudades medianas. Como consecuencia, los redactores trabajarán permanentemente desde su casa. No obstante, tendrán la opción de ir a la sede más cercana si necesitan acudir a la redacción.

Sin embargo, periódicos regionales históricos como *Derby Telegraph, Cambridge News, Stoke's Sentinel* y *Leicester Mercury* ya no tendrán sus propias oficinas. Ante este panorama, muchos trabajadores se han quejado de que con el cierre de las redacciones empeoran sus condiciones laborales, sobre todo la de los redactores con menos posibilidades económicas. Además, la ausencia de redacciones reduce el poder intangible del periodismo y su impacto social en el ámbito local.

El año y medio de pandemia y la paulatina vuelta a la presencialidad que ha impulsado el trabajo distribuido han acelerado el cambio hacia modelos de trabajo híbridos que requieren un cambio fundamental en las habilidades de los líderes de equipo. Por ello, los expertos en *management* hablan de que el futuro del liderazgo de equipos será

---

58   Mirror owner to tell most journalists to permanently work from home: https://www.theguardian.com/business/2021/mar/19/mirror-owner-tell-most-journalists-permanently-work-from-home-reach

«multimodal»[59]. Es decir, las organizaciones necesitarán líderes que se desenvuelvan en los dos mundos. Por una parte, operarán en modo de coordinación virtual y por la otra en modo presencial. En el primero tendrán que monitorear el progreso en función de objetivos y metas, hacer posible el intercambio de información, mantener la cultura de la organización mediante la colaboración y las conexiones entre los miembros del equipo mientras trabajan telemáticamente. En el segundo, el presencial, los líderes deberán fomentar la participación y la colaboración cara a cara, creando territorios de aprendizaje e innovación compartida. Todo un reto.

Si visualizamos un modelo híbrido y asimétrico, no encontraremos dos modelos iguales. Cada organización tendrá el suyo, aunque lo ideal sería que las tareas más rutinarias se puedan realizar de forma virtual, mientras que el trabajo que requiere un contexto más profundo de colaboración como la innovación, la colaboración interdepartamental, la formación y, en definitiva, la de los ejes que configuran la cultura de la empresa, se hagan de forma presencial.

Aunque justo después de la pandemia, lo que observamos como efecto pendular tras un año de ausencia de las redacciones es una demanda por parte de la dirección de volver a la presencialidad, como si no hubiera pasado nada. Lo lógico sería consolidar modelos mixtos o híbridos orientados a la colaboración y procesos de coordinación *online*. Los líderes tienen que aprender a gestionar y moverse entre estos dos mundos.

En definitiva, la tendencia clave para entender la nueva época a la que nos enfrentamos se llama flexibilidad

---

59 The Future of Team Leadership Is Multimodal: https://sloanreview.
mit.edu/article/the-future-of-team-leadership-is-multimodal/?utm_
source=linkedin&utm_medium=social&utm_campaign=sm-direct

y adaptabilidad. La única vía para reinventar el trabajo y atraer y mantener talento a bordo después de la pandemia. Recordemos también que no existe una ecuación perfecta de distribución del tiempo en el que hay que trabajar en la oficina o de forma distribuida, y que cada organización en cada momento determinado, en función de la estacionalidad, de los picos informativos, y de la morfología de los equipos, deberá diseñar su propio modelo. En los siguientes apartados, analizaremos las claves para conseguir, en la medida de lo posible, un grado óptimo de flexibilidad y adaptabilidad.

8. Los nuevos perfiles

A medida que las empresas se transforman van incorporado nuevos perfiles para sacar el mayor potencial periodístico a las nuevas tecnologías. La lista de los nuevos roles no deja de crecer: infografistas digitales, diseñadores de mapas, animadores de vídeo, editores de vídeo y *podcast*, ingenieros, científicos de datos, entre otros. Perfiles familiarizados con los nuevos formatos que facilitarán, sin duda, que cada una de las historias se cuente en el que mejor se adapte a su narrativa: algunas serán con audio, otras un gráfico, un vídeo, texto o una combinación de todas ellas. Internet permite elegir e innovar en nuevas formulaciones.

El grado de innovación en formatos dependerá de la imaginación y habilidades de los profesionales. El talento es la mejor arma competitiva para ofrecer propuestas únicas y diferenciales. En el mundo de las suscripciones digitales, que se constituye como tendencia de futuro, esa capacidad de crear proyectos multimedia se convierte en un valor diferencial y ayuda también a que el lector consuma más contenido y, por tanto, pase más tiempo dentro de la página. Ahora le llamamos *engagement,* anglicismo que viene a significar el grado de fidelización, lealtad e interacción de los lectores con los contenidos. El *engagement* es uno de los atributos fundamentales para medir la fortaleza de nuestra comunidad de interés.

Es evidente que la crisis provocada por la pandemia también ha acelerado los procesos de ajuste de plantillas que ya venían produciéndose desde la última crisis económica. Son muchas las compañías en todo el mundo que están viéndose obligadas a adoptar duras medidas para adecuar sus equipos a la nueva realidad posCOVID-19. Así lo expuso Rebekah Brooks, editora ejecutiva de *The Sun* y de *The Times,* en un comunicado interno dirigido a sus empleados, donde les comunicaba que el impacto del coronavirus en su negocio hacía necesario tomar medidas dolorosas mientras que se aceleraba la transición hacia un futuro digital, lo que significaba «despedirse de algunos colegas valiosos y talentosos. Necesitamos maximizar nuestros recursos, eliminar la duplicación y convertirnos en un negocio más simple»[60].

Pese a la dolorosa situación que se vive en muchas redacciones, la transición digital es imparable y requiere atraer nuevos perfiles profesionales en todas y cada una de las áreas, tanto editoriales como de negocio. Para el experto en medios y editor de *MondayNote,* Frederic Filloux: «Las salas de redacción modernas dependerán, cada vez más, de la experiencia externa para abordar problemas complejos. Cualquiera que gestione una empresa de noticias necesitará un pequeño núcleo de editores experimentados, algunos

---

60   News UK warns of job cuts as it transitions to 'digital future' under COVID-19: https://cutt.ly/XkpA1kR

escritores especializados internos y construir experiencia en red. Esto requerirá un nuevo enfoque de recursos humanos: subcontrataciones que aseguren un buen periodismo y que sean bien remunerados en consecuencia»[61].

Por ello, la configuración tradicional de la mesa de noticias (en local, nacional, política, etc.) dejará paso a una estructura editorial más transversal basada en el tema clave de cada mercado y en las expectativas de la audiencia.

En este sentido según nos cuenta Borja Echevarría director adjunto de EL PAÍS

«Incorporar perfiles diferentes a una redacción puede tener un enorme impacto en la transformación y evolución del grupo en general, pero es crítico acertar en cómo hacerlo, y también la propia personalidad de esos profesionales. En ocasiones, si no son las personas correctas, pueden llegar con la arrogancia del que sabe más, del que ya está en el futuro, y eso es peligroso. Es fundamental que estos nuevos perfiles se incorporen de manera orgánica a las estructuras y no crear mundos paralelos en la redacción. Ya no estamos en esa época de separar, sino que hay que integrar».

Por otra parte, el paso de un modelo de negocio basado en la publicidad a otro orientado a las suscripciones requerirá cambios organizativos y la incorporación de perfiles especializados en suscripciones. La apuesta por la diversificación de ingresos ha hecho evolucionar la figura del CMO (*chief marketing officer*), una figura poco habitual en los medios digitales hasta la irrupción de los *reader revenue*[62]. El nuevo rol del CMO se centra, sobre todo, en impulsar el crecimiento de los suscriptores y no tanto en la comercialización de los anunciantes.

---

61 Trends to Keep an Eye on in 2020: https://cutt.ly/gkpDbZA
62 Publishers pour money into paid marketing for their subscription products: https://cutt.ly/okpA3nM

Miki King, es el primer CMO que ha tenido *The Washington Post*, y como él mismo explica «antes de que yo asumiera el liderazgo, tenían un equipo de *marketing* digital e impreso que no funcionaba de forma coherente». Su principal objetivo desde su incorporación ha sido «tener una sola voz para los consumidores»[63]. Para ello, ha reenfocado y reciclado a los diferentes equipos. Por ejemplo, aquellos que trabajaban en comercialización local, ahora se centran en la experiencia del cliente con los productos tanto impresos como digitales. Este proceso se ha dado de manera similar en varios medios a la vez. *The Washington Post, Hearst Newspapers* y *The New York Times* incorporaron CMO en 2018. En el caso de *Hearst* y *The Washington Post*, era la primera vez que disponían de ese rol en las redacciones.

Otros acrónimos que conviene tener muy presentes son el de CRO para referirse a los responsables de ingresos (*chief revenue officer*) o los responsables de clientes CCO (*chief customer officer*). Son perfiles que se encargan de la monetización de las audiencias, sobre todo de los ingresos provenientes directamente de los lectores, es decir, los *reader revenue*. Como señala Lucy Kueng, «a menudo se trata de la reencarnación del papel clásico del editor que se había perdido internamente». Son responsables en última instancia de potenciar las suscripciones a través de la tecnología, los datos y el *marketing* de producto. Un trabajo multidisciplinar y complejo que requiere la combinación de habilidades técnicas con la visión de negocio, la gestión de equipos talentosos y, por supuesto, mucha sensibilidad editorial.

---

63 How *The Washington Post* is reorienting for digital subscriptions: https://cutt.ly/WkpA7Hd

Cuando hablamos de multidisciplinariedad de los equipos dentro de las redacciones surge el debate sobre el reto que representa que periodistas y desarrolladores trabajen juntos: dos filosofías y procesos de trabajo muy diferentes[64]. Uno de los retos fundamentales en los modelos de *product thinking* es crear equipos multidisciplinares con objetivos compartidos. A pesar de una mayor posibilidad de fricción, la diversidad de orígenes, habilidades y cultura ayuda también a incrementar el valor empresarial. Internamente se requiere impulsar la formación continua en los medios, y gracias a equipos transversales, las fronteras entre las secciones tradicionales se van diluyendo. De nuevo el liderazgo juega un papel crucial en este sentido. Pero un liderazgo colaborativo y no jerárquico, donde preguntan y sugieren, en lugar de mandar y ordenar. Líderes en los que la *auctoritas*, el reconocimiento por los demás, se impone sobre la *potestas*, el poder puramente legal o jerárquico.

A diferencia de la industria tradicional, donde imperaba el talento individual, ahora se hace cada vez más necesario el trabajo en equipo, con procesos más abiertos e interdisciplinares. El liderazgo ya no podrá estar tan jerarquizado como hasta la fecha. Deberá instaurarse la cultura de la innovación en donde aprender de los errores y la experimentación prime sobre la búsqueda del perfeccionamiento.

En la era digital la innovación es seguramente la ventaja competitiva más eficaz y exitosa para cualquier negocio. Aunque indudablemente el presupuesto importa, las organizaciones más innovadoras no son necesariamente

---

64 How can journalists and software developers work better together?:
    https://cutt.ly/bkpA6Hw

aquellas que más dinero gastan. Pero para ello es necesario incorporar nuevos perfiles que contribuyan con su conocimiento a crear productos y servicios innovadores, únicos y diferenciales.

La innovación es una cuestión de talento, para ello se necesita un entorno que potencie el intercambio de ideas e información, en el que las jerarquías se difuminen y se facilite la inspiración. Pero para la consolidación e integración de los nuevos perfiles es necesario impulsar la formación continua y el *mentoring* para que nadie se quede atrás, y allí donde no se puede llegar en solitario buscar alianzas con *partners* (socios) externos.

De la mano de la innovación los periódicos están apostando por nuevos formatos como el podcast, el vídeo o los gráficos interactivos. Todo ello les permite explorar nuevas narrativas, como hizo *The New York Times* con The Snow Fall. A *The Economist* le ha servido para conectar con nuevas audiencias gracias al *Data Detectives*: una novela gráfica para Instagram, o en el caso de *The Washington Post* apostar por el exitoso canal de TikTok. Innovador es también el trabajo que está desarrollando el equipo de infografías de *El País o El Confidencial* para contar historias basadas en datos.

En el caso de las suscripciones, la innovación se destina a tecnologías que mejoran el conocimiento del usuario y facilitan todo el proceso de gestión, desde la captación al pago. En este empeño destaca el periódico suizo escrito en alemán, *NZZ (Neue Zürcher Zeitung)*, uno de los primeros medios en desarrollar un modelo de suscripción algorítmico adaptado a cada tipo de lector. Un modelo denominado también dinámico porque, como la propia innovación, evoluciona, adaptándose a las necesidades de los lectores.

9. El *product manager*

En este nuevo ecosistema, como analizamos anteriormente, cobra un protagonismo especial el *product manager* (PM). El auge de la orientación a producto (*product thinking*) lleva consigo apostar por la incorporación de los gestores de producto (*product manager*), llamados a integrar perfiles, funcionalidades y responsabilidades de distinta naturaleza: estrategia editorial, distribución en los diferentes canales, *marketing*, tecnología, sin olvidar las suscripciones. Todo ello encaminado a obtener el éxito comercial y el control de los ingresos.

Para distinguir la gestión de proyectos de la gestión de productos, hay que entender bien qué es un proyecto y qué es un producto. El primero tiende a representar ideas e iniciativas con un principio y un final: nos involucramos en proyectos, los desarrollamos y luego los dejamos para seguir con la próxima idea. Los productos, sin embargo, representan un compromiso continuo de principio a fin[65].

A partir de esta premisa, el director de proyecto se centra en las operaciones, procesos y normas internas para hacer las cosas. El *product manager* es quien tiene el control sobre la estrategia y la monetización. Estos roles son complicados de encontrar en el mercado. Hasta ahora se habían dado en compañías tecnológicas, con salarios y condiciones que la sufrida industria periodística no puede en la mayoría de los casos igualar. No obstante, el producto editorial tiene sus propias particularidades, por lo que el *product manager* haría bien en conocer la idiosincrasia del día a día de una redacción, especialmente porque para la consecución de sus objetivos requerirá de la implicación del equipo editorial.

---

65   The rise of the Journalist Product Manager: https://cutt.ly/0kpSes1

El lanzamiento de proyectos durante la pandemia ha puesto de manifiesto la importancia de esta figura, que no solo es responsable de las decisiones sobre lo que se construye, sino que también influye en todos los aspectos en el lanzamiento de un producto editorial[66].

Para Nicole Dingess, directora de diseño de producto de *Gannett*, propietaria entre otras cabeceras de *USA Today*, el papel del *product manager* es «entender profundamente el problema —la situación del mercado, los clientes existentes y potenciales— así como buscar formas de diferenciar la oferta de productos para satisfacer tanto las necesidades de las empresas como las de los clientes»[67].

En plena pandemia y confinamiento global, *The Wall Street Journal* anunciaba[68] la incorporación de nuevos responsables de productos y estrategia de noticias. Su nota de prensa dejaba patente la importancia de la decisión: «Cuán importante es que brindemos las mejores experiencias de noticias del mundo. Nuestro público es cada vez más móvil. Son cada vez más diversos y de todas las edades. Quieren verse reflejados en nuestro periodismo. Quieren que la información que sea más relevante para ellos sea realmente fácil de encontrar. Por tanto, sus funciones se alinean con los equipos de redacción y del resto de áreas de la compañía».

Gaurav Sachdeva, director de producto del *Singapore Press Holdings* (SPH), es de la opinión de que los gerentes de producto son importantes agentes del cambio, que ayudan a transformar los procesos de redacción y a desarrollar productos y servicios que están más en sintonía con las

---

66   Product managers for the digital world: https://cutt.ly/QkpSyMX
67   Entrevista personal realizada por *e-mail* el mes de marzo de 2020.
68   Welcoming New Product and News Strategy Leaders: https://bit.ly/2ynzQSw

necesidades de los usuarios. Para Sachdeva, «los buenos gerentes de producto poseen visión para los negocios, trabajan bien con la tecnología y los datos, y son capaces de empatizar con los clientes»[69].

Sabrina Passos, exgerente de producto de RBS, uno de los principales grupos de media de Brasil, explica que «en las redacciones el *product manager* (PM) necesita entender la industria y los procesos únicos que tiene una empresa de medios de comunicación. El producto normalmente tiene sus raíces en la sala de redacción y saber cómo son sus flujos de trabajo es muy valioso. Por eso es importante que provengan del mundo de la comunicación o del periodismo. Tienen que hablar el mismo idioma».

Ante esto es imprescindible comprender cómo funciona la sala de redacción, quiénes son los principales actores/interesados y cuáles son los «productos» propiamente dichos. Las noticias son productos con matices específicos y las personas responsables de las noticias aún más. Para poder manejarse con éxito, el *product manager* tiene que comprender plenamente los procesos, disponer de sensibilidad editorial, tener habilidades de comunicación y ser un gran usuario del producto que gestiona. Uno de los grandes cambios de mentalidad en este aspecto es entender que el *product manager* trabaja, no tanto pare el cliente interno (la redacción) como para resolver los problemas y satisfacer las necedades y demandas de los usuarios.

De nuevo, *The New York Times* comprendió bien que la intersección entre la sala de redacción y el producto iba a ser el siguiente escalón en la evolución digital. Por ello, la oferta

---

69   How product managers are rejuvenating journalism: https://cutt.ly/
     6kpSpxf

para cubrir el puesto de *project manager* contemplaba entre sus roles: ayudar a diseñar la hoja de ruta de los productos, saber construir relaciones con otros gerentes de proyectos, así como establecer los hitos de superficie en el desarrollo de proyectos y herramientas.

Denominar producto a un periódico o a un programa de radio es una tendencia novedosa en el sector, principalmente entre los propios periodistas. Generalmente, los periodistas y los líderes de las salas de redacción no están familiarizados con los flujos de trabajo de la gestión de productos, por lo que se resisten a aceptarlos. Las empresas de medios de comunicación tienen su propia idiosincrasia: las «tareas por realizar» no están tan claras para la mayoría de las partes interesadas. Otra vez, la cultura de las redacciones en las que el papel sigue siendo prioritario suele ser la mayor barrera. Para la correcta instauración de un modelo de *product thinking* hay que poner en marcha equipos multifuncionales liderados por gerentes de producto que sean capaces de integrar a diseñadores, desarrolladores, periodistas, analistas de datos, etc. En cada etapa, los equipos deberán analizar y priorizar las necesidades de los usuarios, así como la viabilidad comercial del producto o servicio.

Para Mario Vidal, responsable de innovación de *El Español*, la figura del *product manager* «tiene que tener la visión de la hoja de ruta de la empresa y al mismo tiempo conocer los procesos de cada departamento para facilitar el trabajo y agilizar los proyectos. El *product manager* se dedica a buscar soluciones. Conoce la estructura de la compañía, la metodología y las prioridades, por lo que se puede dirigir a cada departamento de forma directa, evitando cuellos de botella».

El *product manager* es una pieza que debe encajar en el engranaje de cada departamento. Por ejemplo, al tener la visión del rumbo empresarial enfocada hacia un modelo más orientado a las suscripciones, puede anticipar estrategias o procesos de trabajo para que otros departamentos refuercen ese objetivo. Si los nuevos indicadores de desempeño (KPI) son el RFV (*recency, frequency, volume*) para medir el *engagement* o el volumen de conversiones de cada artículo, se pregunta Vidal: ¿por qué no involucrar a otros departamentos como el de redes sociales en esos objetivos? El equipo de social debe conocer esas métricas y dominar las herramientas de medición para trazar acciones que refuercen ese objetivo.

Los equipos de redes han de transformar su metodología de trabajo al igual que lo están haciendo las redacciones. Para Vidal, «cuando el objetivo era hacer páginas vistas en redes se buscaban fotos atractivas y titulares de *clickbait*. El resultado ya lo conocemos: tráfico y audiencias de poco valor y usuarios decepcionados porque habían picado en el cebo». Estamos de acuerdo en que ya no es suficiente con conseguir lectores a cualquier precio, «les tenemos que demostrar lo que somos capaces de hacer, les tenemos que convencer para que se suscriban. Por eso, reforzamos el contenido *premium* con acciones extra en redes: vídeos, *post explain*, vídeo en directo, encuestas, debates y otras acciones de *engagement*».

Para Pablo Delgado, *product manager* de *El País,* una de las responsabilidades fundamentales de su puesto es garantizar «la consistencia del producto desde diferentes aspectos: tecnológico, accesibilidad y usabilidad, entre otros, incluso con el histórico de productos anteriores». Pero si las funciones y el desempeño son importantes, no lo es menos saber identificar aquellas tareas o funciones que hay que dejar de hacer. Es lo que sostiene el director de audiencias del equipo de estrategia de *The Wall Street Journal* al afirmar que «una de las decisiones más importantes de un líder de producto es identificar qué hay que dejar de hacer. Centramos la atención de la organización no solo identificando claramente los objetivos, sino también identificando hacia donde no hay que ir. A esto lo llamamos compensaciones intencionales. Por ejemplo: dado nuestro enfoque en el valor para el cliente, decidimos no regirnos por métricas como las visitas a la página por sesión o "un clic más". Tampoco queremos miembros "inactivos"»[70].

Mientras que muchos editores han creado grupos de productos separados de la redacción, otros han tratado la gestión de productos como una extensión de la operación editorial. Sobre esta decisión duda Pete Doucette, director general de la división de medios de comunicación de FTI Consulting: «No estoy seguro de cuál de las dos opciones es la correcta».

10. Un nuevo liderazgo

Si se transforman los procesos, la forma de trabajar se modifica y se incorporan perfiles diferentes a los habituales, también habrá que repensar la forma en que se gestiona. Esto implica que en el nuevo liderazgo recae la responsabilidad de poner en marcha y llevar a buen puerto la transformación de la organización, y como veremos, ser los inspiradores y promotores de la cultura de la compañía. De hecho, de gestionar organizaciones se debería evolucionar a coordinar comunidades.

---

70 Growing our business through customer value: https://medium.com/the-wall-street-journal/growing-our-business-through-customer-value-8ecdca44a262

Los teóricos del nuevo *management* diferencian entre las habilidades y capacidades duras y las blandas. Ambas tienen que convivir y complementarse, los nuevos líderes tienen que saber utilizarlas adecuadamente.

En muchas organizaciones informativas los periodistas han adquirido con el tiempo funciones de *management*. Pero no siempre han ido acompañadas de la formación adecuada. Las habilidades que les han hecho ascender no tienen por qué ser las que se requieren para puestos de liderazgo de equipos. Un buen periodista no tiene porqué ser un buen gerente. Los rápidos cambios demandan habilidades que frecuentemente son más fáciles de encontrar en periodistas júnior. Como sostiene Kueng, «el nuevo liderazgo requiere cierta humildad y saber escuchar. Cualidades que no abundaban dentro del modelo organizativo tradicional, como conocen muy bien los que han trabajado en redacciones clásicas».

La directora editorial de la revista *Real Simple,* Liz Vaccariello, considera, a partir de su experiencia durante la pandemia, que la empatía es una de las habilidades más importantes para los gestores[71]: «Los gerentes deben sentir empatía individualmente y pensar en cada miembro de su personal y en lo que necesitan. Por ejemplo, cuando trato con los miembros más jóvenes de mi equipo, pienso en mí cuando tenía 22 años».

En la misma línea se manifiesta Kirsty Devine, directora de RR. HH. y Proyecto Global de *Financial Times* (FT): «El liderazgo empático nunca ha sido tan importante, pero no todos los gerentes están acostumbrados a él». *FT* es una de las

---

71 Medialeadersreflectonmanagingremotelyastheylooktoahybridfuture: https://digitalcontentnext.org/blog/2021/02/04/media-leaders -reflect-on-managing-remotely-as-they-look-to-a-hybrid-future/

empresas más avanzadas en lo que se refiere a salud mental y comportamiento de su plantilla. Incluso antes de la pandemia, ya realizaba formación a sus empleados en este sentido, lo que les resultó de gran utilidad durante el confinamiento. Además, disponen de un programa de asistencia al empleado (EAP) que brinda asesoramiento y apoyo las 24 horas del día, los 7 días de la semana.

La empatía, lógicamente, no suele ser una asignatura troncal en las escuelas de negocio, ni es una cualidad que se solicite en las demandas de puestos de empleo. Es un ejercicio individual innato, pero como cualquier otra cualidad también se puede trabajar. La empresa Headspace, especializada en potenciar la salud mental en las empresas, y cuya aplicación es utilizada por los empleados de *FT*, recomienda a los responsables de equipos que para conseguir ser más empáticos en su día a día adopten las siguientes acciones:

- *Mirar:* involúcrese con su equipo e interprete los mensajes no verbales. ¿Cómo están los niveles de energía de las personas?
- *Escuchar:* dele a su equipo espacio para ser abierto y sincero sobre cómo se sienten, tanto mental como físicamente.
- *Sentir:* tomarse el tiempo para reconocer cómo se siente la otra persona nos permite responder con amabilidad.
- *Responder:* en momentos de mucho estrés, es fácil dejar que las frustraciones se interpongan en el camino de una comunicación hábil. Haga una pausa y dese espacio para responder de manera amable.

Se demandan, por tanto, responsables que den respuestas a los demás, lo que ha venido a denominarse «líderes de servicio», en lugar de los tradicionales directores o gerentes que infundían respeto o miedo[72]. El término liderazgo de servicio no es nuevo. Data de los años setenta del pasado siglo y fue acuñado por Robert Greenleaf[73] para describir a los líderes que se centraban en el crecimiento y el bienestar de las personas y de las comunidades a las que pertenecían. Frente al liderazgo tradicional que generalmente implica una acumulación del poder ejercido desde la cima de la pirámide, en el liderazgo de servicio, el líder-servidor comparte el poder, pone las necesidades de los demás en primer lugar y ayuda a las personas a desarrollarse y desempeñarse lo mejor posible.

La paradoja del líder

La transformación de las organizaciones requiere la implicación decidida por parte de los directivos, muy especialmente del CEO, que tiene que reinterpretar su papel, cediendo parte de su rol tradicional. Es decir, los líderes que generalmente han llegado a la cima triunfando en un modelo jerarquizado y personalista son responsable de redefinir su liderazgo hacia modelos flexibles, colaborativos y horizontales. Lucy Kueng lo resume así de una manera muy gráfica: «Para que un líder llegue a la cima de la organización hace falta "pensamiento elevado y ego bajo"». Suena bien, pero no suele ser lo habitual, ya que ser consciente de que el cambio de la organización empieza por uno mismo cuando se lidera una organización requiere coraje porque

---

72 We need more 'servant leaders' – it's time to reject fearmonger managers: https://thenextweb.com/news/servant-leaders-leadership-no-fear
73 The servant as leader: https://www.greenleaf.org/what-is-servant -leadership/

va contra la lógica tradicional de cómo se llegaba a la cumbre. Y más aún en un sector en el que, en muchas ocasiones, los gerentes provenían de la propia redacción. Sin embargo, no está demostrado que un buen periodista tenga que ser un buen gestor.

Sobre el ego de los líderes ha escrito Frederic Laloux en su clásico *Reinventar las organizaciones* y cita a la experta en liderazgo Sara Morrius para explicar que «cuando un líder está enraizado en su ego, se desvía del foco del propósito porque la moneda del ego es el miedo. ¿Cómo puede un líder estar disponible para liderar a otros de manera consciente si está ocupado defendiendo su ego herido?»[74].

TRADICIONAL	INNO-MANAGEMENT
CONTROL	COLABORACIÓN
HARD SKILLS	*SOFT SKILLS*
FRÍGIDO	FLEXIBLE
JERÁRQUICO	EN RED
POTESTAS	*AUCTORISTAS*
INTUICIÓN	DATOS
INERCIA	ADAPTACIÓN

Tabla 2. Cualidades del liderazgo tradicional *versus* *inno-management*. Elaboración propia, 2022.

La formación en gestión de empresas de los líderes tradicionales ha estado mayoritariamente vinculada a las escuelas de negocio, en las que predominan los itinerarios

---

74   F. Laloux. *Reinventar las organizaciones*, Arpa Editores, 2016.

formativos dominados por las habilidades duras (*hard skills*). Más aún, en una gran mayoría de organizaciones educativas los conocimientos en *management* han brillado por su ausencia, todavía más la formación en habilidades blandas. De hecho, incluso en las escuelas de negocio estas habilidades intangibles se han incorporado a las escuelas de negocio hace relativamente poco. Tradicionalmente, la forma de ascender en los medios se conseguía siendo fiel a la cadena jerárquica, dándose la peculiaridad de que, con el paso del tiempo, los propios periodistas, con experiencia o no, con conocimientos en gestión o no, aspiraban a convertirse en gestores, incluso de empresas cotizadas, algo infrecuente o impensable en otros sectores.

En un contexto en el que el talento es una de las ventajas competitivas más potentes, es tiempo de impulsar un nuevo liderazgo basado en las habilidades blandas, que sea capaz de fomentar la creatividad y el talento. Sin cuadros que generen este entono, será imposible modificar la cultura, y a la larga estas organizaciones sucumbirán a las inercias del pasado, teniendo escasas posibilidades de sobrevivir.

11. El área comercial se reinventa

La mayor atención de la transformación digital ha recaído principalmente en las redacciones, poniendo menor foco en otras áreas como la comercial o el *management.*

Las áreas comerciales están siendo las más impactadas por el cambio de modelo de negocio al que estamos asistiendo, acelerado por la caída publicitaria provocada por la pandemia. Las consecuencias más inmediatas de la crisis pospandemia para los medios serán especialmente dolorosas en áreas comerciales. *The New York Times* despidió[75] en el mes de junio a 68 empleados, principalmente encargados de publicidad y eventos. Como recoge una nota interna enviada por Mark Thompson, expresidente y CEO: «Los despidos se están llevando a cabo en partes de la compañía que han visto un impacto inmediato significativo del virus, pero además reflejan tendencias a largo plazo en nuestro negocio y son totalmente consistentes con la estrategia de la compañía». También 68 fueron los profesionales despedidos por *The Atlantic*, esencialmente provenientes de su división Atlantic Live[76]. Por su parte, *The Guardian* anunciaba a mediados de julio despidos del 12 % de la plantilla, con 70 empleos en la redacción y 110 en comercial. En este caso, la pandemia ha profundizado una crisis que venía de antiguo y que arrastraba unas pérdidas de 25 millones de libras durante 2020[77].

La comercialización digital en gran medida, y a pesar del paulatino aumento de la compra-venta programática, seguía de forma general modelos comerciales muy tradicionales, en los que la venta se sustentaba en la relación personal del comercial con el cliente. Las relaciones y visitas presenciales son una parte fundamental del proceso de venta de espacios que con el confinamiento también se han visto resentidas, con lo que la comercialización ha terminado haciéndose *online*, dificultando esta relación.

Aunque poco a poco se retorne hacia una nueva normalidad, algunos hábitos comerciales tradicionales se verán alterados de manera permanente. La comercialización mantendrá un importante grado de relación humana y de cercanía;

---

75 Why publisher content studios are set up to fail: https://cutt.ly/vkpAqe2
76 The hollowing out of American journalism: https://cutt.ly/xkpAbck
77 *Guardian* announces plans to cut 180 jobs: https://cutt.ly/4kpAxZT

sin embargo, será necesario implantar nuevos procedimientos que permitan el consiguiente ahorro de costes en desplazamientos, reuniones innecesarias, comidas, etc. Y, lo que es más importante, impulsar la planificación de las reuniones y la consolidación de equipos de soporte. Entre ellos, las áreas de *marketing* estratégico encargadas de analizar tendencias, la creación de argumentarios, el diseño de cuadros de mando, sin olvidar la parte creativa que adquiere también un nuevo rol en detrimento de las agencias creativas puras.

Arne Wolter, director digital del grupo de medios alemán Gruner+Jahr sostiene que los equipos de ventas se han transformado en las últimas dos décadas, ofreciendo un rol más consultivo, multicanal y multimarca. Al mismo tiempo, es más analítico y depende cada vez más del reporte de datos a los clientes: «En última instancia, el énfasis en el rendimiento, tanto interno como externo, no solo cambiará las habilidades necesarias sino también la forma en que los equipos se organizan»[78].

Algunos medios han decidido buscar acuerdos globales de larga duración con sus mejores clientes, que abarquen todo tipo de formatos y campañas, incluidos la celebración de eventos, seminarios *online*, capacitación, etc. Para Rob Ristagno, CEO de *The Sterling Woods Group,* «los anunciantes que gasten unos pocos miles de dólares aquí o allá no formarán parte del futuro». Por ello, sostiene Ristagno[79] que «habrá que disponer de un equipo de ventas de nivel muy elevado ya que las relaciones deben ser hechas con la alta dirección de las empresas anunciantes».

---

78 The great reset: How sales relationships and structure will change on the other side of coronavirus: https://cutt.ly/XkpAmNB
79 Publishers are changing their sales teams to forge fewer, bigger client relationships: https://cutt.ly/KkpAEQ7

Sin embargo, la nueva comercialización será intensiva en recursos y tiempo, requiriendo nuevos y variados perfiles, como equipos de ventas orientados a dar soluciones sofisticadas a anunciantes y agencias, que dispongan de competencias técnicas a nivel transaccional en las diferentes plataformas, y que sepan trabajar con objetivos y métricas de rendimiento más complejas. La venta consultiva basada en datos y argumentario técnico se impone inexorablemente sobre la venta tradicional sustentada en lazos de confianza personales. Si bien las cualidades sociales seguirán siendo importes, no dejarán de ser un complemento que enriquezca la venta consultiva. De nuevo nos movemos entre modelos híbridos, en los que se combinan las habilidades fuertes —en cuanto a conocimientos y técnicas— con las habilidades sociales más intangibles y difusas como la empatía, la simpatía, etc.

Los procesos que sustentan el ciclo de venta en la actualidad se vuelven, en opinión de Jesús Carrera, responsable digital de Vocento y director de Estrategia y Gestión Comercial de *CMV,* más importantes en sus extremos: «Los equipos comerciales no solo deben conocer la variedad de los productos sino escuchar los objetivos y recomendar aquellos que pueden cumplir con las expectativas de los anunciantes. Esto conlleva además un proceso de "posventa" que permita hacer un seguimiento de las campañas con los equipos de operaciones, que son cada vez más importantes, optimizando en base a los KPI que se están buscando. Con ello se puede dar un *feedback* de mayor calidad al cliente y aprender constantemente con la idea de poder recomendar mejor de nuevo a los anunciantes».

Asistimos por tanto a un modelo de ciclo continuo —como si se tratara de un *loop* infinito— que requiere profesionales muy bien formados y actualizados constantemente en las novedades, tanto de productos y formatos como en tecnologías y nuevos indicadores que evolucionan constantemente (*viewability, brand safe,* etc.).

Frente a la adaptación requerida para que los equipos comerciales den respuesta a las nuevas demandas de la venta publicitaria *online*, la formación continua adquiere un papel cada vez más relevante. Según Gabriel Gonzalez, director comercial de *El Economista*, «a los equipos de ventas les urge formarse en dos capacidades fundamentales»:

1. *Tecnológica:* deben conocer todas las tecnologías de compra que el mercado va aportando y están a disposición de los editores para poder cubrir más necesidades de los clientes.
2. *Data y analítica:* un proceso más lento pero imprescindible: conocer la audiencia propia y la que necesita el anunciante para poder activarlas con el equipo de operaciones y hacer más eficiente el proceso de ventas.

La pandemia ha afectado también en el ámbito comercial, pues los procesos se han visto afectados de forma estructural. Tanto anunciantes como agencias y soportes se han vuelto más creativos en cuanto al fomento de las relaciones a distancia. Sin las reuniones presenciales los editores se han replanteado la estructura y las funciones de sus equipos. Así lo corrobora un artículo de *Digiday*[80], que pone el ejemplo de un editor de revistas que cuenta con un gran número de cabeceras y que ha asignado nuevas funciones a los diseñadores que antes trabajaban en maquetación,

---

80   'Can it be done quickly?': Publishers find speed essential as ad budgets pop up: https://cutt.ly/DkpAYly

destinándolos ahora a diseñar propuestas comerciales de cara a enviarlas a clientes potenciales.

Como sucede en las suscripciones, captar nuevos clientes es más costoso que retener los existentes. Ello obliga a ofrecer servicios duraderos a lo largo del tiempo e impone la necesidad de relaciones más estrechas con los anunciantes[81]. En este sentido se expresa Duncan Chater, jefe de ventas para Europa de *Bloomberg*, que defiende una asociación más duradera con los anunciantes: «Tras la pandemia han cambiado muchas cosas, nos hacen más preguntas, por lo que estamos tratando de reunir la mayor cantidad de datos y conocimientos para dar respuestas apropiadas a los clientes».

Para hacer frente a estos desafíos, Axel Springer, por ejemplo, ha agrupado todas las actividades vinculadas al mercado publicitario bajo el paraguas de Axel Springer All Media (ASAM). Su objetivo es combinar todos los elementos con valor —tecnología, data, creatividad— en el entorno de seguridad y confianza que ofrecen sus cabeceras periodísticas para ofrecer soluciones personalizadas a sus clientes publicitarios.

Para Julie Wehrle, directora general de la división Media Impact, «una estrategia de éxito debe equilibrar la reducción de los ingresos de los medios clásicos y fomentar las inversiones en el crecimiento digital». Para ello han diseñado una estrategia que se basa en tres elementos fundamentales: 1) generar proximidad con el cliente, 2) aprovechar el poder del inventario de Axel Springer, aglutinando y combinando una gran cantidad de servicios *online* y 3) potenciar sus

---

81 Publishers are changing their sales teams to forge fewer, bigger client relationships: https://cutt.ly/QkpAOYi

activos y proveedores de servicios de ASAM para explorar y desarrollar nuevas fuentes de ingresos.

Además, Wehrle es partidaria de unir fuerzas entre las diferentes compañías, hasta ahora acérrimos competidores, para combatir un opositor mayor: el poder de la plataforma. «Creemos que es muy importante fusionarnos entre los jugadores locales para hacer frente a la superioridad de los grandes»[82]. Junto a los GAFA (Google, Amazon, Facebook y Apple) están surgiendo otros agentes como Spotify, Discord o TikTok, entre otros, que están ocupando el ecosistema de medios, anunciantes, agencia y editor, obteniendo una parte de los ingresos publicitarios.

Paradójicamente, mientras que, como analizamos anteriormente, los equipos de gestión del resto de áreas trabajan las habilidades blandas (*soft skills*)[83], en las áreas comerciales, en donde ya eran las predominantes, ahora los equipos tienen que potenciar las *hard skills* o habilidades duras. Los equipos comerciales, que durante décadas han basado su éxito en gran medida en sus dotes sociales y de comunicación, ahora tienen que evolucionar hacia una venta mucho más técnica y consultiva.

---

82   3 media companies pivot advertising strategies in the face of the pandemic, Big Tech competition: https://www.inma.org/blogs/world-congress/post.cfm/3-media-companies-pivot-in-the-face-of-the-pandemic-big-tech-competition

83   Las habilidades o competencias blandas (*soft skills* en su denominación original en inglés) engloban a las habilidades que facultan a las personas para moverse en su entorno diario sin estar sustentadas en un conocimiento en una materia determinada como son las habilidades sociales, de comunicación, rasgos de la personalidad, las actitudes, así como inteligencia social y emocional. Mientras que las habilidades duras o *hard skills* son aquellas competencias relacionadas con el conocimiento técnico de alguna materia y que se adquieren a través de la formación.

Los adtech media

El dominio de las plataformas tecnológicas en el campo de la publicidad de tecnología ha sido abrumador. Algunos medios, los más innovadores y con suficiente músculo económico, están intentando desarrollar alternativas tecnológicas con el objetivo de ser más independientes de las grandes plataformas que dominan el mercado publicitario. Es lo que denominamos *adtech media* o medios con soluciones tecnológicas publicitarias propias.

La necesidad de buscar nuevos ingresos ha llevado a los medios a apostar por la diversificación de sus fuentes. Aunque la mayoría lo han hecho por los modelos *reader revenue,* unos pocos están explorando otras vías. Aquellos con capacidad para el desarrollo de soluciones tecnológicas propias, las están ofreciendo a otros medios más pequeños o menos innovadores tecnológicamente. Asistimos a la puesta en marcha de modelos B2B para la comercialización de tecnologías en dos campos principalmente: mientras que las primeras iniciativas se centraban en los CMS (*content management system*), en la actualidad están proliferando las plataformas *ad tech* que ponen en valor su *first party data.*

Desde que Jeff Bezos adquirió *The Washington Post,* la apuesta tecnológica ha sido una de las claves para el desarrollo interno y exploración de nuevos negocios. Su plataforma de gestión de contenidos, conocida como ARC, está operativa, con mayor o menor éxito, en un gran número de medios de todo el mundo. Su incursión en el desarrollo de soluciones *ad tech* es más reciente y viene de la mano de su plataforma Zeus Performance, una *suite* de servicios diseñada para la publicación de anuncios de forma rápida y sencilla. Se integra con Zeus Insights para ofrecer a los anunciantes la oportunidad de dirigirse a una amplia gama de audiencias, gracias a un conocimiento contextual avanzado basado en los hábitos de los lectores. La plataforma se completa con Zeus Prime, que ofrece a los anunciantes que buscan publicar un anuncio al día siguiente un enfoque *premium* por segmentación y formato.

Como manifiesta Jarrod Dicker, VP de estrategia comercial de la compañía, se busca atraer a otros editores, ofreciéndoles productos que les ayuden a generar más ingresos y les permitan ejecutar en tiempo real. «Con suerte, al combinar esos objetivos, recuperaremos nuestra parte de los ingresos publicitarios para que vuelvan a los creadores originales», concluye.

Otro caso relevante es el de Vox Media, la empresa matriz de marcas como *The Verge, SB Nation* o *GrubStreet*, que se ha asociado con Google para crear una red de publicidad local llamada Concert Local. En este caso, Concert Local nace como un *marketplace* que aglutina el inventario publicitario de muchos editores de noticias locales, lo que facilitará a los grandes anunciantes nacionales llegar a este público. Vox Media tendrá a la agencia de medios global Omnicom Media Group como socio de lanzamiento, conectando a los clientes Concert Local a través de sus agencias de OMD, Hearts & Science, PHD y Resolution. La estrategia de Vox Media es desarrollar una pila tecnológica de extremo a extremo (*full stack*) para que otros editores puedan obtener licencias que creen una mejor experiencia de usuario y aumentar sus ingresos.

Minute Media, propietario de seis publicaciones de medios digitales en todo el mundo, entre las que se incluyen *90min, DBLTAP, Mental Floss* o *The Big Lead*, ha adquirido recientemente *The Players', Tribune y FanSided*. Minute Media se ha unido a Protecmedia para crear una plataforma de publicación digital que utiliza tecnología propia para combatir el fraude mediante la autenticación y verificación del usuario en toda la cadena de suministro de publicidad.

Por su parte, Bloomberg Media ha aprovechado el incremento de las audiencias provocado por la pandemia para experimentar con nuevas herramientas que atraigan a anunciantes y lectores. La más reciente ha sido *storythreads*, que permite a los lectores ponerse al día rápidamente sobre un solo tema y luego seguirlo a medida que se desarrolla. Lanzado por primera vez con contenido sobre la COVID-19, los lectores pueden seguir recibiendo actualizaciones por correo electrónico. El editor también espera utilizar la herramienta como una oportunidad publicitaria, donde las marcas puedan comprar patrocinios exclusivos en todo el contenido de *storythread*.

Uno de los últimos editores en aterrizar en este campo ha sido *Forbes* con el impulso de ForbesOne, su plataforma de *first party data*[84]. La primera versión se lanzó en 2020 con 22 segmentos de audiencia, basados en el comportamiento de los usuarios en su web. La plataforma ahora sintetiza *data sets* de 70 conjuntos de datos diferentes, lo que permite que cada área de la organización sepa casi en tiempo real cómo los usuarios y los clientes reaccionan con los productos de *Forbes*. Al igual que la mayoría de las plataformas de datos de otros *publishers*, ForbesOne se nutre principalmente del contenido que la gente lee en la web de *Forbes*, de las *newsletter* a las que se suscribe, así como de la asistencia a eventos virtuales, sin olvidar los datos de afiliación extraídos de su página de comercio electrónico.

---

84 Tras 18 meses en el horno, *Forbes* lanza su propia plataforma de *first party data*: https://www.programaticaly.com/portada/tras-18-meses-en-el-horno -forbes-lanza-su-propia-plataforma-de-first-party-data

En cuanto a los datos demográficos, los mismos se basan en una combinación de inferencias y datos de terceros proporcionados directamente por los lectores de *Forbes*, por ejemplo, su ocupación. Muchos de estos segmentos se obtienen de las franquicias y comunidades ya existentes de *Forbes:* menores de 30, propietarios de pequeñas empresas, viajes de lujo y profesionales de las finanzas. En total, *Forbes* puede llegar al 40 % de su audiencia utilizando ForbesOne, ya sea a través de una combinación de registros para inicio de sesión, suscripciones, correo electrónico o modelos de *look alike* (identificación de audiencias similares en función de su comportamiento).

VI
LA TRANSICIÓN CULTURAL

Como sucedió con el nuevo liderazgo tecnológico y económico de las empresas estadounidenses, ahora se impone también el lenguaje del *management*, lo que significa que se está incorporando de una forma más o menos natural en el resto del mundo. Esta transmutación a nuestro idioma estandariza los conceptos, lo que es bueno para su difusión y aplicación global, pero, por el contrario, dificulta la matización y el análisis de pincel fino. En el caso que nos ocupa, hemos incorporado el concepto de transformación digital para cualquier acción o proceso que implique la incorporación de tecnologías digitales.

El cambio es situacional y específico, como el cambio de jefe o el cambio de empresa. En cambio, la transformación tiene que ver con la transmutación o evolución a algo diferente. Por otra parte, la transición podemos entenderla como el proceso sociocultural que apoya la transformación. Son diferencias sutiles que podrían discutirse desde el punto de vista lingüístico, pero que nos van a ayudar a interpretar la cultura de la empresa como el cambio profundo de mentalidad de las personas y por tanto de las organizaciones, lo que hará posible su transformación digital.

Para ello habría que comenzar con la definición de cultura organizacional. Según Lalux[85], es la forma en que se hacen las cosas sin que la gente tenga que pensárselo. Es decir, la cultura son las reglas y normas, escritas o no, y ahí caben todos los procesos, estructurados o no, que configuran la forma en la que la gente actúa y se comporta dentro de una organización: es el carácter o la personalidad de la organización.

La cultura es el ADN de la organización y por ello determina su quehacer, no se puede llevar una transformación duradera y consolidada si no se interviene antes sobre la cultura. Su importancia queda perfectamente sintetizada en la célebre cita atribuida erróneamente a Peter Drucker[86]: «La cultura se come la estrategia para el desayuno».

Y es que la cultura afecta a todas y cada una de las acciones de la organización y, por tanto, se erige como uno de los ejes vertebrados del negocio, provocando cambios que requieren una forma alternativa de hacer las cosas, diferente a la que utilizaban los medios tradicionales. Las comunidades de interés estarán orientadas a dar respuesta a las necesidades de los miembros que la constituyen, tanto externos (lectores y clientes) como internos (periodistas, *partners*, etc.). Por tanto, es inexorable diseñar una cultura de comunidad y participación.

---

85 F. Laloux. *Reinventar las organizaciones*, Arpa Editores, 2016.
86 Según The Quote Investigator, esta frase apareció por primera vez en *North American Papermaker: The Official Publication of the Paper Industry Management Association (PIMA)*, en un artículo firmado por Bill Moore y Jerry Rose en el año 2000. Desde entonces, la frase se le ha atribuido a diferentes autores. Popularmente se le atribuye erróneamente a Peter Drucker. La primera vez que su nombre se asoció a la cita fue en 2011; el padre del *management* moderno murió en 2005.

Este cambio es el más necesario y urgente, pero también el más complejo porque atañe a las dinámicas y actitudes de las personas. Es un proceso que implica a toda la organización. Un trabajo colectivo que requiere dedicación, recursos, empatía e inteligencia por parte de los responsables encomendados a liderarla y que, como afirma lúcidamente Lucy Kueng «requiere más inteligencia emocional que inteligencia artificial».

Esta cultura, sobre la que muchos medios llevan tiempo trabajando, aunque aún no hayamos sido capaces de establecer un modelo de éxito universal, implica una serie de aspectos diversos, cuya lista puede ser extensa. Puestos a enumerar los aspectos más importantes que deben configurar una cultura digital orientada al usuario y a los ingresos provenientes de estos, podemos destacar los siguientes:

- Que la redacción es parte del negocio.
- Que hay una democratización en los datos, lo que significa que estos se comprenden y se comparten.
- Que existe un estrategia conocida y compartida por toda la organización.
- Que se trabaja en equipos multidisciplinares.
- Que no hay miedo a testar y probar.
- Que se han diseñado y puesto en marcha procesos y dinámicas de trabajo flexibles.
- Que existen objetivos SMART[87] (específicos, medibles, alcanzables, realistas y temporales).
- Que la redacción es diversa.
- Que se prima el talento.
- Que existe comunicación y transparencia.

---

87 *Specific, measurable, attainable, realistic* y *timely.*

Líneas de actuación sobre cultura

La transición de la cultura digital es, en última instancia, la creación de un entorno que favorezca que cualquier actuación que se lleve a cabo esté alineada con los valores y la misión de la empresa que permitan hacer las cosas de forma distinta a la que se venía haciendo y con un objetivo compartido. En definitiva, es un cambio de paradigma interno. Cambiar la cultura no es solo introducir grandes planes de formación, y mucho menos incorporar a gurús. Cambiar la cultura significa crear un entorno que haga posible el cambio de mentalidad de las personas que configuran una organización, de ahí su complejidad.

Los medios han sido una industria eficaz, lucrativa y poderosa durante más de un siglo, con una inercia que les ha permitido sobrevivir pese a que los signos de los tiempos apuntaban en otra dirección. La COVID-19 ha dado la puntilla a un modelo industrial al que le queda poco recorrido, y que solo unos pocos irreductibles —bien por pereza mental, por resistencia al cambio o por interés personal— aún creen que puede tener recorrido. El problema es que la inercia sigue siendo grande, y cambiar el ritmo requiere reiniciar el sistema.

No es cuestión de menospreciar el valor y el éxito de la industria durante el siglo xx. Como afirma Pablo Delgado, responsable de producto de *El País*, «los periódicos en papel han sido un milagro. El proceso industrial está súper ajustado y lo digital revierte este modelo que llevaba funcionando décadas. Es inevitable que se produjera un choque entre modelos y procesos antagónicos». Y anticipa una dramática, pero inevitable realidad, al asegurar que «la única solución para la supervivencia del modelo digital es la muerte definitiva del papel. Mientras tanto se tendrán que seguir duplicando perfiles y equipos, con el correspondiente gasto».

Aun sabiendo que la transformación digital es inevitable e irreversible, no se ha encontrado una respuesta única ni una receta universal para que su ejecución finalice con éxito. Las organizaciones tienen que ser ambiciosas en los objetivos, pero además es necesaria una enorme dosis de paciencia y constancia porque una gran parte de las iniciativas no se llegarán a implementar o no serán eficientes.

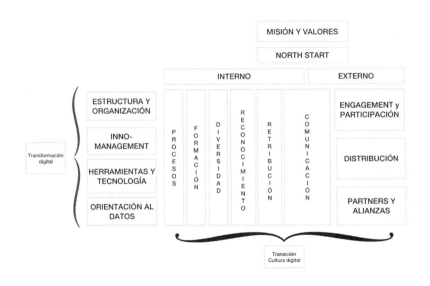

Gráfico 2: Transformación digital y transición cultural de las organizaciones periodísticas. Elaboración propia, 2022.

La transición cultural es compleja porque atañe al comportamiento y a las dinámicas de las personas, y al mismo tiempo es la más necesaria y urgente. Se requiere, por tanto, un trabajo colectivo, que necesita mucha dedicación e inteligencia emocional del lado de los responsables llamados a liderarla. Las habilidades duras, características del éxito empresarial en la era industrial, tienen que combinarse con otras vinculadas no tanto con el intelecto sino con la parte emocional, como la empatía, la capacidad de adaptación, etc. Desde el punto de vista del producto, para Douglas Smith, responsable de la metodología de Tablet Stakes, el cambio de cultura queda resumido en la frase «digital primero, impreso después».

Transformar la cultura que subyace trás una larga trayectoria y una historia plagada de éxitos, como sucede en la mayoría de las grandes cabeceras tradicionales, es una mochila muy pesada para acometer el viaje de la transformación. Las organizaciones tradicionales tienen que dejar atrás parte de esa cultura que les ha hecho ser lo que son y «transicionar» a una nueva que les permita afrontar el futuro con un mínimo de garantías. En definitiva, se trata de una lucha contra las inercias de una estructura y unos procesos industriales pensados para el formato papel. La añoranza de los «viejos buenos tiempos» no es el mejor aliado para afrontar el futuro. Tampoco lo es intentar hacer tierra quemada de todo lo anterior. Al configurarse como comunidades de interés, el formato y los canales adquieren un papel secundario. Debería estar relegado para siempre el debate sobre periodismo papel versus digital.

La solución para Pablo Delgado de *El País* sería trabajar en dos terrenos. En primer lugar, lo que denomina la «producción de contenidos agnóstica» por la cual el contenido no está pensado para un canal determinado, es la mesa de redacción central la que se encarga de adaptarlo a medida que se determina en dónde es mejor publicarlo, y en segundo lugar, y más importante, que los objetivos entre la edición en papel y la digital estén completamente alineados. Pero no es optimista. Basándose en su experiencia, trabajando tanto en gestión como en consultoría de estrategia, sentencia que a pesar de la energía que los líderes empresariales ponen en su trabajo «la mayoría de los intentos de transformar las organizaciones no llegan a nada».

Si se pregunta a gestores y directivos por qué fracaso su proceso de transformación, las respuestas suelen ser muy parecidas: «Un grupo de gente no la apoyaron, la dirección fue abandonando y la gran mayoría dentro de la organización no creyeron en el proceso de cambio. La gente empezó a culparse unos a otros. Las cosas salieron mal y nadie hizo nada al respecto. Poco a poco, la transformación perdió impulso»[88]. La clave, por tanto, es una apuesta decidida y constante por propiciar la transición cultural. Si no se actúa primero sobre la cultura, cualquier intento realmente transformador acabará fracasando.

Pero también existen datos para el optimismo. Pese a las dificultades, empezamos a encontrar algunos casos de éxito que nos pueden permitir establecer una guía de actuación orientativa. *BILD,* uno de los tabloides *online* más grandes de Europa, con más de 25 millones de usuarios únicos, dispone de un modelo *premium, BILDplus,* que se ha convertido en el medio informativo por suscripción más grande de Alemania. Su estrategia de cambio cultural orientada a impulsar la innovación y la política de prueba y error dentro de la redacción está teniendo resultados directos: «La cultura tiene un impacto tangible en los resultados, pero es en sí misma intangible, y opera fuera de la conciencia[89]».

88 TheSecretofAdaptableOrganizationsIsTrust:https://hbr.org/2021/03/the-secret-of-adaptable-organizations-is-trust?utm_campaign=hbr

89 Hearts and Minds: Harnessing Leadership, Culture, and Talent to Really go Digital: https://reutersinstitute.politics.ox.ac.uk/hearts-and-minds-harnessing-leadership-culture-and-talent-really-go-digital

Si el liderazgo es el motor interno más importante para la transformación digital, entonces cambiar la cultura es la tarea más importante a la que se enfrentan las compañías periodísticas[90].

1. Procesos y flujos de trabajo

Una de las palancas fundamentales para transformar la cultura es el rediseño de los procesos internos. Herederas de la industria de la tecnología y del *product thinking* se imponen las metodologías Agile. Un conjunto de herramientas, procesos y reglas que ayudan a conceptualizar y poner en marcha productos. Estas metodologías, que abarcan diferentes tipos como Scrum y Kanban, entre otras, están pensadas para acometer proyectos de forma más rápida y flexible. Como consideran los más acérrimos, Agile es más que una metodología, es una filosofía que supone un cambio para que los equipos puedan organizarse y trabajar de forma más eficaz y eficiente. Básicamente, consiste en «trocear» cualquier proyecto en pequeñas partes para que se puedan ejecutar de forma rápida y evolutiva. El trabajo se planifica y evalúa constantemente y, lo que es más importante, la colaboración y la rapidez priman sobre la «perfección».

Aunque hay organizaciones que llevan tiempo —sobre todo en el área de las tecnológicas— implantado metodologías ágiles para la gestión de proyectos, todavía no

---

90   Axel Springer's Testing Culture Helps BILDplus Improve Products and Subscriber Retention: https://www.editorandpublisher.com/stories/axel-springers-testing-culture-helps-bildplus-improve-products-and-subscriber-retention,188026

es lo habitual en la mayoría de las empresas, ni siquiera en la totalidad de las áreas. Pero el objetivo es claro: centrarse en dar una respuesta rápida a las necesidades de los usuarios. Se trata de proveer al mercado de productos y servicios mínimos viables (PMV) que posteriormente son validados y enriquecidos gracias al *feedback* que el usuario proporciona. Por ello es importante escucharle.

Pese a que las organizaciones de noticias, en términos generales, estaban mejor preparadas que otras industrias para trabajar de forma distribuida, sigue siendo necesario mejorar, procedimentar y regular lo aprendido durante los últimos meses. Un caso sencillo pero evidente, como recoge la *Guía sobre redacción distribuidas,* elaborada por Fathm, es la ejecución remota de reuniones, que todavía podrían mejorar más si se tuvieran en cuenta ciertos aspectos que, no por obvios, son menos importantes. Por ejemplo:

- Establecer un horario regular de reuniones.
- Contar con un propósito y objetivos claros para cada una de ellas.
- Mantener la buena etiqueta básica de las reuniones presenciales: agenda previa, actas y puntos, asignación de responsabilidades y siguientes pasos.
- Cualquier punto de acción significativo debe comunicarse a todo el personal.
- En el caso del periódico, se necesitará un gerente de producción que se relacione con la redacción, un editor de noticias, un líder de TI e, idealmente, alguien de RR. HH.
- Si su producto es digital, su jefe de producto debe estar presente.

Para el responsable de innovación de *The Wall Street Journal*, Robin Kwong[91], es fundamental saber cómo crear un entorno de innovación adecuado. El coronavirus y su impacto sobre el teletrabajo han generado cierto desorden en la forma de trabajo, sobre todo en la generación y selección de ideas junto al equipo de redacción. Unos días antes del confinamiento pusieron en marcha un portal de ideas[92] que fue especialmente útil durante estos meses. Se trata de un sitio web interno al que cualquier periodista o editor puede enviar una idea para que sea analizada entre todos. El objetivo de este portal de ideas es dar respuesta a estas tres preguntas:

- ¿Cómo aprender rápidamente?
- ¿Cuál es el entorno adecuado para la experimentación?
- ¿Qué problemas se deberían abordar?

La gestión organizativa tiene que repensar axiomas hasta ahora inamovibles. Ante la extendida opinión de que el éxito de las compañía está en las personas[93], en un entorno cada vez más cambiante e incierto, son los procesos los que configuran y marcan la diferencia entre las empresas que pueden adaptarse y las que no, o, como sostiene el experto en gestión del cambio, Kristoffer Darj[94], «las empresas que tienen la mejor oportunidad de sobrevivir al cambio

---

91 *Wall Street Journal* shares 4 steps toward reinventing newsroom innovation: https://cutt.ly/ukpAFGo
92 Harnessing Innovation: The WSJ Ideas Portal: https://cutt.ly/7kpAH21
93 Retaining, retraining employees could be key for change: https://cutt.ly/BkpAZPd
94 Employees aren't a company's most valuable asset: https://cutt.ly/LkpDQgr

tienen un ADN que les permite a sus empleados adaptarse y evolucionar rápidamente. Ese ADN consiste en procesos y modelos definidos que hacen que el cambio de competencia esté disponible para todos, desafiando activamente a los empleados. De esa manera, los procesos deberían ser más importantes que los individuos, aunque suene un poco extraño».

En España, algunos medios como *El Confidencial o El País*, y grupos como Unidad editorial, entre otros, ya trabajan —al menos algunos de sus equipos o áreas determinados— con metodologías ágiles importadas de los equipos de producto y desarrollo de la industria tecnológica. Eso les permite adaptarse y reaccionar más rápidamente a los cambios de la industria. El gran reto es llevar esa mentalidad ágil —consistente también en la ruptura de jerarquías— a la cultura del dato, y el fomento de equipos multidisciplinares a las redacciones.

Como responsable de producción, distribución y audiencias en Podium Podcast, Lourdes Moreno, que tiene experiencia en el desarrollo de proyectos reales, con una aproximación de *project thinking*, se centra en las entregas y el cumplimiento del *roadmap* para cumplir con el cronograma trazado. En su opinión, lo realmente interesante y motivador es implementar los proyectos desde el *product thinking*, con un enfoque centrado en el producto —en aquello que queremos lograr—, y ver los resultados que se obtienen en el proceso, más que en el resultado final. Además, sostiene que otra de las metas ha sido cambiar el enfoque de MVP (*minimum viable product*) a MAP (*minimum awesome product*) porque antes se tenía en cuenta sobre todo que el producto que se lanzaba fuese suficientemente funcional para que el cliente/usuario pudiera entender con sencillez cómo funcionaban al menos las dos o tres cosas básicas. Pero los usuarios han crecido, y por ello tenemos que ofrecerles algo más, algo con lo que estén familiarizados pero que sea también algo que les sorprenda, lo que se traduce en una mejor experiencia con nuestro producto. Para ello se requieren mejoras en servicios, rapidez, fluidez y diseño con nuestros contenidos.

La velocidad es otra de las percepciones fundamentales para aprender. La industria mediática no puede plantearse en este entorno esfuerzos monolíticos, con una planificación de plazos y presupuestos fijos. Para tener éxito a escala se necesita crear una cultura en la que las iniciativas prosperen en diferentes ubicaciones y mercados, creando e iterando sobre proyectos pilotos. Cada proyecto contribuye a crear un efecto compuesto que beneficia a toda la empresa y cataliza otros proyectos pilotos adicionales. Este nuevo enfoque debería facilitar la transformación digital de la empresa y la composición de proyectos multidisciplinares. Pero ello, según Lourdes Moreno conlleva una serie de condiciones, como son, entre otras:

- Autoaprendizaje: en un entorno digital en el que todo está cambiando constantemente es importante ser responsable del propio aprendizaje.
- Trabajar de forma colaborativa y apoyarse en los demás departamentos, creando relaciones con otras personas para colaborar de forma conjunta: Compartir conocimientos e intercambiar ideas es muy enriquecedor.
- Buena comunicación: transmitir bien los conocimientos y dar la información correcta entre clientes, proveedores y resto de compañeros de la empresa permite ahorrar una gran cantidad de recursos a la empresa.
- Conocimiento tecnológico: permite desenvolverse en un entorno *online*.

- Orientación al cliente, porque en el mundo digital los clientes no actúan de la misma forma que en el *offline*. Entender su comportamiento es crucial para ofrecerles el mejor de los servicios, y conocer cuáles son sus demandas y necesidades. Por eso es muy importante entenderlo y saber qué es lo que está buscando.

Otro ejemplo es de *El Diari ARA*, que culminó[95] a principios de 2021 su proceso de transformación digital con la renovación de todos sus canales digitales, proceso que en palabras de Georgina Ferri, su directora de negocio, representó la construcción de una nueva cultura digital *lean-agile*, en la que se pone al usuario y el producto en el centro de la estrategia. El diario catalán comenzó su transformación cambiando su manera de trabajar, «más eficiente y más centrada en nuestras audiencias, lo que ha tenido implicaciones en la forma en como producimos el contenido».

2. Formación

La adquisición de nuevas habilidades es necesaria para desenvolverse en el nuevo paradigma digital. El abanico de estas habilidades puede ser tan amplio como queramos, y están en permanente y rápida evolución, tanto como la propia tecnología lo hace. Además de la incorporación de nuevos perfiles es necesario seguir formando a los equipos que no lo estén. Hay que garantizar entornos adecuados que faciliten la transferencia de conocimiento entre diferentes equipos y áreas.

---

95 Renovación digital en el ARA: mucho más que una nueva web: https://es.ara.cat/media/renovacion-digital-diario-ara-asi-es-nueva-web_1_3114991.html

El riesgo de la formación es entenderla como un objetivo, cuando hay que pensarla como un instrumento destinado a conseguir un fin. La situación ahora es mucho más compleja, por lo que la formación debe estar presente a lo largo de toda la carrera profesional del trabajador, a diferencia de lo que sucedía tradicionalmente cuando la misma se entendía como un trámite con fecha de finalización. Y, aunque la autoformación debe ser una condición inherente al propio trabajador, las empresas deben apostar por ella como la única manera de estar preparados para cualquiera de los cambios que la transformación digital nos traiga. De hecho, una de las palancas para atraer talento es ofrecer planes formativos de calidad.

La formación de equipos es fundamental si va ligada a los objetivos asociados a resultados concretos, si no se convierte en formación por formación, sin ningún valor añadido. Es decir, si el departamento de recursos humanos tiene como objetivo realizar un número de sesiones para la redacción, el indicador será el número de horas y asistentes, y no se podrá evaluar si ha tenido algún impacto real. Distinto es el planteamiento si se establece como objetivo de las sesiones formativas cómo aumentar el tráfico y el *engagement* en plataformas sociales y para ello se diseña un itinerario formativo destinado a este objetivo. En esta ocasión, los indicadores serán otros y podremos saber si ha cumplido con su finalidad. En este último caso la formación es transformadora, en el primero aporta «cultura general digital» pero poco más.

Por ello es tan importe que los departamentos encargados de la formación comprendan también el negocio en su conjunto. El diseño de itinerarios para la transformación cultural es de las funciones más relevantes para los nuevos equipos de gestión del talento. De hecho, muchas de las nuevas incorporaciones o de los cambios internos son precisamente perfiles encargados de la formación digital de la redacción, en muchos casos, periodistas que han participado y tienen experiencia en procesos de transformación de redacciones.

3. Diversidad e inclusión
· ·

El movimiento #BlackLivesMatters en los EE. UU. y su tratamiento en los medios reabrió el debate de las carencias en cuanto a la diversidad racial de sus redacciones. Además de un factor ético, sin duda el más importante, está demostrado con datos que las empresas que apuestan por la diversidad e inclusión presentan mejores resultados económicos. Según un estudio realizado por McKinsey[96] en 2015 sobre un grupo de 366 empresas públicas, aquellas que presentan una mayor diversidad racial entre sus gestores tenían un 35 % más de probabilidades de generar ganancias superiores al promedio.

Tiene razón Lucy Kueng al afirmar que la diversidad no es solo incorporar perfiles diversos. El reto es que esas personas tengan un papel relevante dentro de la organización. Las políticas de diversidad pueden correr el riego de configurar «guetos». La mejor política de diversidad, de nuevo, empieza dando ejemplo en la parte alta de la pirámide jerárquica. Porque la diversidad bien entendida empieza por los líderes de primer nivel.

La figura del responsable de la diversidad se va extendiendo en las grandes organizaciones, sobre todo en los países anglosajones. Pero, para que no se convierta en una figura retórica de cara a la galería, hay que otorgarles poder real,

---

96   Why diversity matters: https://cutt.ly/2kpSbME

con capacidad de influencia y por supuesto presupuesto. Sus objetivos y funciones deben ir encaminadas a establecer una estrategia dirigida a diseñar, ejecutar y monitorizar que se implementen las acciones para que se cumplan con los objetivos de diversidad, inclusión y equidad (DEI en sus siglas en inglés) establecidos por la compañía.

Destaca en este sentido, como venimos resaltando en numerosas ocasiones por su visión avanzada, la estrategia de incorporaciones de nuevos perfiles de *The New York Times*, con una clara apuesta por la diversificación. Si en octubre de 2020 anunciaban la contratación de Bianca Clendenin para el nuevo rol de editora de vídeo de Instagram, cerraban el año con el anuncio de la incorporación de Everdeen Mason como la primera directora editorial para el área de *games*. También un nuevo rol diseñado para fortalecer su creciente negocio de juegos y rompecabezas[97].

Para Charo Henríquez[98], responsable de desarrollo y soporte de la redacción en *The New York Times*, los esfuerzos en materia de diversidad, equidad e inclusión no solo abordan la contratación sino también la retención y las oportunidades de desarrollo profesional en los medios de comunicación. En este sentido, es evidente la necesidad de rejuvenecer las redacciones y que los periodistas que han impulsado la transformación digital desde posiciones periféricas lideren el futuro.

Otro buen ejemplo del impulso por la diversidad es Vox Media. A principio de 2020 Swati Sharma y Lindsay Peoples Wagner se convirtieron en las directoras editoriales de *Vox* y *The Cut*, respectivamente. Sharma tenía 34 años y Peoples

---

97 Everdeen Mason Joins *The Times* as Editorial Director for Games: https://cutt.ly/lkpDwmJ
98 A new path to leadership: https://cutt.ly/AkpFnso

Wagner 30. Al finalizar 2021 el sitio de noticias nombraba a Phoebe directora ejecutiva de aprendizaje y desarrollo cuyas funciones, como anunciaba en Twitter, son «capacitar a las personas, fomentar la cultura y ayudar a las personas a conseguir la excelencia en sus trabajos».

Con el liderazgo de su anterior director, el afamado Martin Baron, *The Washington Post* apostó decididamente por la diversidad de raza mediante la contratación de nuevos perfiles, al tiempo que nombraba a la primera gerente de diversidad e inclusión, la reportera y editora Krissah Thompson. Es importante su punto de vista al considerar que la diversidad es transversal, y más importante aún la diversidad de la redacción debería converger con la de las audiencias: «El interés por la diversidad en la cobertura no es ajeno al interés de la empresa por la diversidad de los lectores»[99].

En los últimos años muchas organizaciones han realizado informes de diversidad para comprender mejor la composición de su personal. Generalmente estos estudios ponen el foco en dos ejes: el del género y el de raza/etnia. Normalmente se hace la distinción entre la redacción y el resto de personal· que no es de noticias para ver cómo influye la diversidad en los que hacen las noticias y su tratamiento. También es conveniente diferenciar por escala jerárquica, entres los equipos y los que ocupan posiciones de liderazgo.

En 2020 Reuters publicó su primer análisis sobre el estado de la diversidad dentro de la redacción. En el mismo se analizaba cómo potenciar la diversidad e inclusión. El grupo británico de noticias dispone de una editora de diversidad en

---

99   How Marty Baron and Jeff Bezos Remade *The Washington Post*: https://www.nytimes.com/2021/02/27/business/marty-baron-jeff-bezos-washington-post.html

la sala de redacción, Joyce Adeluwoye-Adams, que reflexiona sobre cómo debe cambiar la agencia de noticias global[100].

Una de las conclusiones más reveladoras del informe, y seguro que extensible a casi la totalidad de redacciones de mundo, es que *Reuters* «no es tan diversa como las sociedades a las que servimos y el problema es particularmente agudo entre los roles de liderazgo». Cualquier compañía que piense en su futuro y quiera dar respuestas a las demandas de sus lectores tiene que abordar de forma decidida el cambio. En este sentido, el rol de responsable de diversidad será cada vez más frecuente dentro de las redacciones y su desempeño más y más relevante.

Existen también ejemplos en organizaciones menos conocidas como KQED, proveedor de noticias en el área de la bahía de California, uno de los estados con más diversidad, pero con importantes disparidades tanto dentro como fuera de la organización. Para romper esta situación se propusieron llevar a cabo una auditoría de las informaciones publicadas para saber hasta dónde habían sido capaces de reflejar su visión sobre las comunidades a las que se dirigen.

Un aspecto no menos importante es la necesidad de establecer unos indicadores que permitan evaluar el estado de una organización en cuanto a diversidad e inclusión, y poder comprobar si las medidas que se adaptan tienen o no el resultado deseado. KQED optó por medir tres tipos de datos sobre diversidad: personal, audiencias y fuentes.

La falta de diversidad en la redacción conlleva generalmente falta de la misma en las fuentes. En febrero de 2012,

---

100   Reuters newsroom diversity editor: Leadership must change if we are to be global success: https://www.pressgazette.co.uk/reuters-diversity-chief-stand-still-we-become-obsolete/

The Philadelphia Inquirer encargó[101] una auditoria a investigadores de la Universidad de Temple para analizar su posición sobre la diversidad.

La redacción *The Inquirer,* como muchos de los medios de EE. UU., está constituida mayoritariamente por hombre blancos, lo que implica, según el estudio, que en la cobertura de noticias esté sobrerrepresentada la visión de personas blancas y masculinas. De las 14.000 personas que aparecen en una muestra de 3000 artículos, fotos y vídeos entre agosto de 2019 y julio de 2020, aproximadamente una cuarta parte eran negros, el 3 % eran latinos y menos del 2 % asiáticos. La representación de otras razas y comunidades, como los indios americanos, es absolutamente irrelevante. Además, el estudio reveló que el 75 % de sus fuentes también son hombres y blancos, contrariamente a la demografía local real.

El plan estratégico de las organizaciones con una misión deberá incluir su compromiso con el desarrollo de equipos más inclusivos y fuentes más diversas. Esta será la única vía de incorporar audiencias más diversas. Como se pone de manifiesto con los ejemplos anteriores las auditorías de equipos y fuentes se revelan como herramientas imprescindibles para conocer el estado de la organización y poder identificar puntos de mejora.

Tras el estudio, una de las recordaciones que hacen es compartir experiencias y preguntar a otras organizaciones más avanzadas en sus políticas de diversidad: «Aprendimos mucho hablando con organizaciones de noticias que ya

---

101 *Inquirer* has overwhelmingly white newsroom and its coverage underrepresents people of color, report says: https://www.inquirer.com/news/philadelphia-inquirer-audit-temple-race-inclusion-newsroom-20210212.html

hicieron el trabajo y compartieron sus datos públicamente. También aprendimos estudiando otras organizaciones como NPR, KUT, KUOW, *Reveal, The New York Times* y *Gastropod*». Ahora son ellos los que se ofrecen como un recurso valioso para ayudar a otras organizaciones de noticias que buscan mejorar en este ámbito.

La falta de diversidad tiene implicaciones para llegar a nuevas audiencias. Es sin duda uno de los problemas que recoge el informe interno filtrado por Buzzfeed[102] sobre *The Wall Street Journal*, que no consigue captar nuevas audiencias, principalmente en lo que se refiere a mujeres, personas de color y jóvenes profesionales, que encuentran menos alicientes para convertirse en lectores y/o suscriptores que el público tradicional de la cabecera de Murdoch, formado por ejecutivos de empresa, *brokers*, etc.

Es evidente que el camino de la diversificación es irreversible y que no ha hecho más que empezar, pero será arduo. Meredith Clark, profesora del Departamento de Estudios de Medios de la Universidad de Virginia, ha investigado sobre las interacciones entre raza, medios y poder. Es responsable también de la encuesta anual ASNE (Asociación de Líderes de Noticias en sus siglas en inglés) y verifica que en los consejos editoriales no se habla en absoluto de la diversidad, considerando que la composición de los mismos es una de esas últimas fronteras para pensar en formas de diversificar dentro de los periódicos[103].

---

102 A Leaked Internal Report Reveals *The Wall Street Journal* Is Struggling With Aging Readers And Covering Race: https://www.buzzfeednews.com/article/amberjamieson/internal-wall-street-journal-report
103 Editorial boards that look nothing like their cities shouldn't speak for them: https://rjionline.org/best-practices/editorial-boards-that-look-nothing-like-their-cities-shouldnt-speak-for-them/

Sin salir de la diversidad, otro aspecto fundamental es la necesaria inclusión de las nuevas generaciones. Lo que supondrá un reto para todos los medios a nivel mundial, que tendrán que aprender a llegar e interesar a los más jóvenes para que se informen en las cabeceras periodísticas.

En términos sociológicos se considera que una generación abarca un periodo de unos quince años. Lo cierto es que los ciclos históricos, tecnológicos, económicos y socioculturales van tan rápido, y se están produciendo tantos cambios en tan poco tiempo, que seguramente podríamos convenir que las generaciones también se compriman. Pero, técnicamente, podemos establecer una línea divisoria intergeneracional para definirlas: la Generación Y —o *millennials*—, comprende a los nacidos entre 1981 y 1996, mientras que la Generación Z representa a los nacidos entre 1997 y 2012. Esto quiere decir que los más mayores están rondando la cuarentena, y que muchos de los líderes emergentes, sobre todo cargos intermedios, especialmente en áreas digitales, son *millennials*.

Establecer generalizaciones sobre los jóvenes suele producir lugares comunes muy alejados de la realidad. Las generaciones más mayores, las que siguen en muchos casos ocupando cargos de dirección, suelen englobarles de forma simplista en el mismo saco, otorgándoles el distintivo de «nativos digitales» de forma indiferenciada. Pero lo cierto es que, mientras que muchos de los *millennials* están situados profesionalmente, la Generación Z ha sufrido primero la crisis económica de comienzo de siglo, y más recientemente las consecuencias de la pandemia, por lo que sus preocupaciones e intereses distan mucho de parecerse. Esto es importante porque las diferencias generacionales se manifiestan no tanto en el uso de las tecnologías como en las condiciones de su entorno y, por tanto, de sus preocupaciones.

Así encontramos diferentes temas como la crisis climática, la precariedad laboral, acceso a vivienda o la salud mental, entre otros, que representan sus intereses pero que, por regla general, apenas se tratan o no se hacen desde su perspectiva. Temáticas indispensables si se quiere llegar a estas audiencias, y para lo que los medios tendrían que incorporar y empoderar a miembros de la Generación Z y posteriores.

La transformación debe impulsar la diversidad y la inclusión, lo que sin duda supone un cambio cultural que afecta al conjunto de profesionales y áreas, como venimos insistiendo a lo largo de todo este libro. Las palancas para esta transición necesariamente tienen que incluir estrategias lideradas por los máximos responsables de la compañía, con un programa bien definido de acciones que impacten en el día a día del trabajo de todas las áreas de la organización. Además, hay que hacer un seguimiento del progreso conseguido con indicadores que permitan evaluar el impacto.

4. Reconocimiento y remuneración

Atraer y retener talento es uno de los retos más importantes y complejos a los que se enfrentan los medios. Pero no es una tarea fácil, ya que estos nuevos perfiles, en la mayoría de los casos, vienen de otros sectores como el comercio electrónico o las empresas de telecomunicaciones, donde disfrutan de unas condiciones inmejorables que las organizaciones periodísticas tienen que igualar. Por ello, una de las funciones prioritarias de los departamentos de recursos humanos tiene que ser crear itinerarios de carrera profesional adaptados a las necesidades y ambiciones de cada empleado que favorezcan la motivación del empleado y su reconocimiento.

En cuanto al reconocimiento, surgen toda una serie de dudas sobre si el éxito del periodista debe ser recompensado de manera particular o no. Si el reconocimiento particular debe ir acompañado de incentivos económicos y si estas medidas contribuyen a impulsar el cambio. En estas está el diario británico *The Telegraph,* que estudia[104] introducir un bono en la nómina de sus periodistas en función del número de nuevos lectores que consigan o de las suscripciones generadas.

Por el contrario, el director del *Financial Times* comunicaba a toda la redacción que la compañía se comprometía[105] a repartir un bonus extra de 6.500 euros. La misma cantidad para toda la redacción, lo que beneficia a aquellos periodistas más júnior y por tanto con salarios más bajos. Al mismo tiempo, llegaban a un nuevo acuerdo con el Sindicato Nacional de Periodistas (NUJ, en sus siglas en inglés) para subidas salariales en el año 2022. Una noticia lógicamente acogida más que favorablemente entre la redacción.

Son muchos los medios que públicamente o en privado se plantean modelos que permitan cuantificar y evaluar el trabajo de los periodistas y el grado de éxito que disfrutan entre los lectores. Pero estas iniciativas que intentan vincular la calidad periodística con el éxito del negocio no se ven respaldadas por las redacciones en donde están surgiendo fuertes críticas y controversia. Por el contrario, el argumento de sus defensores es que sería justo que los profesionales

---

104 *Daily Telegraph* plans to link journalists' pay with article popularity: https://www.theguardian.com/media/2021/mar/15/daily-telegraph-plans-link-journalists-pay-article-popularity

105 Los periodistas de *Financial Times* recibirán un bonus de 5600 libras porque la empresa ganará más de lo previsto en 2021: https://dircomfidencial.com/medios/los-periodistas-de-financial-times-recibiran-un-bonus-de-5-600-libras-porque-la-empresa-ganara-mas-de-lo-previsto-en-2021-20211209-0404/

con más éxito, en términos de popularidad de sus publicaciones, reciban una compensación por ello. El dilema es si reconocer el éxito personal supondrá impulsar e incentivar un periodismo efectista y vinculado al éxito. El debate, que ya está siendo habitual, junto con el impacto de la automatización, serán dos de los campos de batalla de los periodistas a medida que la transformación digital se consolide.

Las retribuciones ligadas al desempeño de los periodistas han sido un tema controvertido en el sector. Hasta ahora, las redacciones han permanecido al margen del negocio como forma de mantener su independencia. La alta rentabilidad del modelo tradicional permitía levantar «eficientes» murallas chinas que impedían posibles injerencias del negocio sobre la línea editorial. En la era digital, la redacción es parte del negocio, lo que no significa que sea negativo. Ni las prácticas tradicionales era tan puras e incorruptibles como algunos nostálgicos relatan, ni significa perder independencia que los periodistas sean conocedores del funcionamiento del negocio digital. Pero que una cabecera informativa no sea capaz de ser económicamente viable sí supone un peligro para su independencia. Por ello todos los profesionales de la compañía son responsables en última instancia de la supervivencia económica, los periodistas también.

A partir de aquí, con el auge de las suscripciones digitales, se abre un debate ético sobre si se debe remunerar a los periodistas en función de las piezas que ayudan a generar suscripciones. *The Daily Telegraph,* según se pudo saber por la filtración[106] a su principal competidor *The Guardian,* el periódico británico estaría estudiando a pagar una parte

---

106 *Daily Telegraph* plans to link journalists' pay with article popularity: https://www.theguardian.com/media/2021/mar/15/daily-telegraph-plans-link-journalists-pay-article-popularity

del sueldo de sus periodistas en función de la popularidad de sus noticias. En el correo electrónico, su director Chris Evans, intenta justificar el uso de analíticas para poder evaluar y premiar por aquellas informaciones por las que «lectores inteligentes están dispuestos a pagar y a seguir pagando». Para ello, desarrollarían un sistema de «estrellas», que calificaría las noticias en función de una serie de parámetros como la cantidad de suscripciones que generan o la cantidad de clics que producen.

Las reacciones en contra no se hicieron esperar, tanto dentro como fuera de la redacción. La máxima responsable del Sindicato Nacional de Periodistas se apresuró a decir que «el plan muestra una escasa consideración por el periodismo de calidad y puede causar una gran desmoralización entre los periodistas». La redacción, por su parte, considera que vincular el rendimiento —suscriptores y clics— con la recompensa «deformará seriamente nuestras prioridades editoriales». Tras la filtración, el director comunicó que se le había tergiversado y hasta la fecha no se ha vuelto a tratar el tema.

Un debate complejo, sin duda. Pero de la misma forma que siempre han existido firmas que cobraban más por su reconocimiento entre los lectores, parece lógico que en el mundo digital, en el que es más fácil evaluar su impacto real entre las audiencias, se puedan establecer mecanismos de reconocimiento y remuneración, sin que la calidad e independencia se vean afectadas.

Pero, sin duda, el reconocimiento, no solo a través de la vía salarial, sino de la reputacional dentro y fuera de la organización, es una vía fundamental para atraer y retener talento. De hecho, se puede comprobar cómo en los rediseños recientes de los sitios de noticias de los medios más importantes se da más relevancia y visibilidad a la autoría a través de destacados de los autores.

5. Comunicación interna: en busca del relato

En la era de la comunicación líquida y fluida, en cualquier actividad organizativa, incluso en las muy jerarquizadas, sus miembros demandan información del porqué de las cosas. El ordeno y mando pierde fuerza en favor de la información y los datos. En términos organizativos, la información por la información ya no es poder. Porque el poder en el nuevo paradigma social es dar valor a la información, enriqueciéndola con análisis y compartiéndola. La comunicación, entendida como información compartida y enriquecida, empodera a sus responsables y al resto de los equipos y, por tanto, al conjunto de la organización. Comparte esta opinión Lourdes Moreno, responsable de distribución y audiencias en Podium Podcast, al decir que «a los empleados y colaboradores hay que darles razones».

El teletrabajo ha generado nuevas dinámicas de producción y gestión en los equipos, y una parte esencial para dinamizar un enfoque hacia objetivos y centrar los esfuerzos pasa por ello. Según explica Moreno, en el área de distribución de Podium Podcast han implementado la metodología OKR («objetivos y resultados clave» en sus siglas en inglés) centrada en tres ejes: la comunidad, los oyentes y su *network* de *podcasters* que producen contenidos de calidad.

Respecto a la importancia de la comunicación interna, un estudio realizado por la consultora McKinsey pone de manifiesto[107] que la información detallada sobre políticas y planes ayuda a que los objetivos de la transformación sean tangibles para todos los empleados, pero se requiere

---

107 Losing from day one: Why even successful transformations fall short: https://www.mckinsey.com/business-functions people-and-organizational -performance/our-insights/successful-transformations

algo más que una comunicación unidireccional. Las organizaciones que mejor han concluido su transformación son aquellas que han sido capaces de involucrar a los empleados y comprometerlos, y para ello se ha demostrado vital la comunicación cara a cara mediante reuniones informativas con los directores, asambleas de líderes y una cascada de información en toda la empresa[108].

El área de comunicación debe asegurarse de que los mensajes oportunos se distribuyen adecuadamente. Comunicar los mensajes estratégicos, los objetivos y celebrar los éxitos forman parte del engranaje de la cultura. Si los líderes son los principales responsables de generar la cultura, deben ser ellos los primeros en informar y comunicar aquello que sea relevante para la organización.

Como hemos señalado, hay que ser consciente de que existe una línea invisible que conecta la misión y los valores con el talento y la diversidad. El talento demanda siempre más talento. En la empresa eso se traduce en la creación de una misión y de unos valores compartidos. Por ello todo debe estar enmarcado en la cultura corporativa, que es el nexo que une todos estos aspectos.

Aspectos que por su carácter intangible requieren acciones dentro de un plan conjunto que debe construirse día a día y que, como la buena reputación tarda años en consolidarse, pero que un solo error puede hacer que todo se desmorone rápidamente. Por todo lo anterior, parece evidente que los departamentos de recursos humanos tienen que repensar su rol dentro de las organizaciones. De hecho, en las empresas más avanzadas estas áreas han evolucionado hacia

---

108　Losing from day one: Why even successful transformations fall short: https://www.mckinsey.com/business-functions/people-and-organizational-performance/our-insights/successful-transformations

un nuevo escenario en el que sus funciones adquieren nuevas responsabilidades como impulsores del cambio cultural.

El diseño de un cambio cultural no es tarea fácil, y son muchas las barreras, inconvenientes y trabas que se cruzan en su camino. De ahí la importancia de un nuevo liderazgo en la dirección de equipos. La nueva gestión de personas implica buscar talento nuevo y comprender todos los intereses, ambiciones y anhelos que motivan a los equipos. En este sentido, si el área de recursos humanos sabe satisfacerlos, contribuirá a que todo el equipo reme en una misma dirección hacia los objetivos de negocio, de ahí su importancia.

Hasta aquí hemos analizado las acciones para modificar la cultura interna de la organización. Pero no hay que olvidar que, al tratarse de comunidades de interés, también hay que actuar hacia fuera, en cuya ecuación tienen que estar todos los participantes que la configuran. Algunas de estas acciones externas que ayudan a impulsar esta nueva cultura transformadora las abordamos a continuación.

6. Comunicación externa: trasparencia y marca

Si la comunicación interna es importe para alinear y cohesionar equipos, la comunicación hacia el exterior es crucial para crear comunidades en torno a las cabeceras. Siempre se ha dicho que las empresas periodísticas eran malas comunicadoras cuando tenían que hablar de sí mismas. Los atributos de una marca se consiguen creando productos y comunicando también los valores de la misma. Por tanto, hay que dirigirse de forma directa y transparente a los miembros de esa comunidad, a los actuales y a los potenciales, para que se sientan interpelados y quieran formar parte de la misma.

Ante un exceso de oferta informativa, la comunicación y los atributos de la marca adquieren un nuevo valor que pueden ayudar a presentar una oferta de contenidos diferencial y, por tanto, conseguir nuevos suscriptores. Desde el mismo momento en que el usuario ya ha dado su correo electrónico, podemos decir que empieza la relación. El primer paso es enviar un mensaje de bienvenida a los suscriptores (*onboarding*) que se incorporan. Puede ser en diferentes formatos digitales: correo electrónico, chat, vídeo o una página web. La elección del formato no es crítica. Sin embargo, la clave está en conseguir una conexión inicial positiva. Es en este momento cuando hay que recordarles a qué funciones pueden acceder, incluidos los contenidos, las herramientas en línea y los beneficios que obtienen, así como los programas de recompensas[109]. *Kansas City Star*, por ejemplo, recibe a sus nuevos suscriptores con un correo electrónico que contiene un vídeo de bienvenida y de agradecimiento por suscribirse, al mismo tiempo que les ofrece una variedad de consejos y trucos para ayudarlos a comenzar.

Comunicarse correctamente con los lectores ayuda a eliminar las fricciones en el proceso de suscripción y potencia las conversiones. *The Wall Street Journal* comprobó que con el simple hecho de destacar la facilidad para cancelar las suscripciones estas aumentaron en un 10 %, sin impactar en la permanencia media de los suscriptores (*churn*). La directora de producto de crecimiento de suscripciones de *The New York Times*, Kate Piselli, viene a confirmar lo mismo. Según sus datos, cuanto más fácil es cancelarla, más probable es que los suscriptores que se han dado de baja vuelvan a suscribirse más tarde[110].

---

109 How to win the loyalty of new subscribers through great onboarding: https://cutt.ly/hkpDsbn
110 3 key ways to reduce news product friction: https://cutt.ly/1kpDfKj

Restaurar y fortalecer la confianza de los lectores

El proceso de desintermediación al que asistimos desde la irrupción de Internet ha llevado a una paulatina pérdida de confianza por parte de los usuarios. Esto se puede explicar por el auge de las plataformas, pero sobre todo por el descuido en los mecanismos de control provocados por la velocidad que acarrea la inmediatez de Internet. Caldo de cultivo para que la desinformación campe a sus anchas.

Los medios están dedicando ingentes esfuerzos en restablecer esta relación de confianza. Una vez más, el medio más inspirador es *The New York Times*, que ha creado la primera área interdisciplinar especialmente dedicada a mejorar la confianza de los lectores con el periódico. El objetivo con el que nace es claro: ayudar a encontrar vías para que su periodismo puede continuar evolucionando y seguir transmitiendo sus propios valores. Ello incluye destacar los reportajes originales e independientes de todo el mundo, para lo que cuentan con la enorme experiencia de su equipo de periodistas, y tomar medidas para garantizar la precisión informativa. Esta nueva área explora todas las posibilidades que ayuden a resaltar sus valores a través de las historias que cuentan, las características que configuran sus productos y la forma en que hablan sobre periodismo en las plataformas sociales.

Es interesante la importancia que conceden a este proyecto como medio para cumplir con la misión en *The New York Times,* que como bien hacen en recordar ellos mismos consiste en «buscar la verdad y ayudar a las personas a comprender el mundo. Este objetivo orienta el trabajo de toda la redacción: desde nuestros rigurosos informes y estándares éticos hasta cómo mostramos y promocionamos nuestra cobertura en todas nuestras plataformas».

En el camino para recobrar la confianza se hace imprescindible el papel de los periodistas —pilar fundamental sobre el que generar comunidades de intereses compartidos—. Así lo entendió la compañía Bertelsmann con el lanzamiento en otoño de 2021 de una gran campaña *cross media* para reivindicar el papel de los periodistas[111].

Fomentar los atributos de la marca

Para conseguir que los lectores se conviertan en suscriptores es necesario que a la hora de crear comunidades de interés en torno a la marca sus atributos sean muy sólidos y diferenciales. Para transmitir estos valores y atributos de forma adecuada será necesario trabajar una estrategia y arquitectura de marca para todos los canales, lo que lleva aparejada la incorporación de nuevos perfiles especializados. Atributos que pueden ser multiples y variados. Pero, si hubiera que escoger uno Borja Echevarría responsable de la estrategia digital de *El País apuesta* «por tener un punto de vista. No hablo de opinión, de ser ideológico, de eso ya hay demasiado, sino de una manera de mirar a la sociedad, de qué temas valoro y cuáles no, de construir una personalidad muy definida que me diferencie y aporte a un ecosistema periodístico saturado».

Ahora más que nunca, y sobre todo en el mundo digital, la marca es el mensaje y los medios se sitúan en un terreno de intangibles. La estrategia de marca[112] da lugar a un posicionamiento competitivo que debe transmitirse en todos sus productos y servicios.

---

111 https://laboratoriodeperiodismo.org/recuperar-la-confianza-de-los
-lectores-bertelsmann/
112 Brand Strategy: https://cutt.ly/SkpFE0P

Es el momento de volver a reinterpretar (o revisar) la relación de las compañías con sus audiencias. La marca debe recuperar el valor que se había ido difuminando al ceder los contenidos y la relación con sus lectores a terceros. Durante casi una década, la búsqueda de audiencias ha estado dirigida hacia las plataformas, lo que ha provocado que los atributos de las cabeceras se hayan desdibujado paulatinamente.

En este proceso, no solo son referencia las empresas que han conseguido crear con éxito marcas *online*. También es importante poner la vista en otros sectores como el del *retail* y el del lujo que han sabido posicionar sus marcas y transmitir sus atributos diferenciales en todos los canales, tanto *off* como *on*. La marca no debe ser considerada solo como una identidad visual sino como una experiencia completa[113].

En esta misma línea se expresa Gabriela Salinas, experta en gestión de marcas que sostiene que «es necesaria una gestión estratégica de las marcas que, además de la innovación emocional y tecnológica, requieren una buena gestión. La marca debe sustentarse en una relación basada en la experiencia. Por otra parte, debe evolucionar del qué hacemos al por qué lo hacemos».

Las grandes cabeceras que han liderado la transformación digital han sabido transmitir, construir e impulsar sus atributos en el ámbito digital. Es el caso de *The Guardian* que en 2015 se planteó el desafío de convertir 156 millones de usuarios únicos (10 millones de visitantes al mes) en socios a través de algún modelo de ingreso directo. Por aquel entonces, *The Guardian* tenía 12.000 miembros y 175.000 suscripciones impresas y digitales. Pero a finales de 2018 ya había alcanzado el hito de 1 millón de seguidores regulares.

---

113 Strategic Branding: https://cutt.ly/8kpFQ6T

Para alcanzar el objetivo de 2 millones de suscriptores en 2022, *The Guardian* ha lanzado una campaña publicitaria cuyo lema está inspirado en un artículo que la editora jefe, Katherine Viner, escribió en 2017 titulado «Una misión para el periodismo en tiempos de crisis». La campaña persigue resaltar el papel crucial que juega el periodismo para ofrecer a sus lectores información que les permita «desafiar el *statu quo*, presentar ideas nuevas y desarrollar opiniones que tengan el poder de rendir cuentas»[114].

The Guardian lanzó una gran campaña a favor del periodismo de calidad coincidiendo con su 200º aniversario. La iniciativa, además de artículos en el medio, salió del perímetro de donde están sus lectores e inundó las calles de Londres y Manchester mediante pósteres. También incluyó el rodaje de tres películas, así como festivales y coloquios[115].

Con la llegada de Trump a la Casa Blanca en 2017 se iniciaron una serie de ataques a la prensa, acusando directamente a algunos medios de ser los creadores de *fake news*. Como respuesta, *The New York Times* puso en marcha la campaña «La verdad es difícil». Tras más de una década sin realizar una acción de esta envergadura, el objetivo era triple: a) defenderse de la retórica creciente contra la prensa, principalmente por parte de la Administración Trump, b) asegurar a los lectores que tenían un lugar en donde buscar la verdad y c) atraer a más suscriptores para fortalecer su cobertura. En las veinticuatro horas tras la emisión del

---

114 *The Guardian* marketing boss on how 'Hope is Power' will attract another million supporters: https://cutt.ly/0kpDj7c
115 *The Guardian* lanza una gran campaña a favor del periodismo de calidad en su 200 aniversario: https://laboratoriodeperiodismo.org/the-guardian-lanza-una-gran-campana-a-favor-del-periodismo-de-calidad-en-su-200-aniversario/

anuncio de «La verdad es difícil», el periódico neoyorkino captó más suscriptores de los que había conseguido en las seis semanas anteriores. El primer trimestre de 2017, coincidiendo con el estreno de los anuncios, fue el mejor para el crecimiento de suscripciones. En el segundo trimestre tras la campaña, pasó a dos millones de suscriptores digitales[116].

Más recientemente lanzó la campaña «La verdad requiere un periodista». Amy Weisenbach, vicepresidenta sénior y jefa de *marketing* de The New York Times Company, proclamaba que «esta campaña celebra a los periodistas que crean las historias que ayudan a nuestros lectores a entender el mundo. El énfasis en la palabra "un" personaliza quién está detrás de los titulares que los lectores ven en el *Times* cada día. Estos periodistas son personas reales con pasión por lo que hacen, y desempeñan un papel fundamental en la búsqueda de la verdad». En la campaña aparecen más de treinta periodistas, entre ellos reporteros, video-periodistas, editores, redactores de opinión, jefes de oficina, foto-periodistas, directores gráficos y muchos otros.

En este sentido, merece la pena resaltar la capacidad de convertir cualquiera de sus lanzamientos, anuncios de nuevos suscriptores e incluso sus nuevas contrataciones en una noticia en sí misma que potencia su marca como referente global informativo y muestra su influencia para el resto del sector.

El conglomerado de medios alemán Bertelsmann Content Alliance también apostó por dar valor a sus periodistas e impulsar la confianza entre su comunidad de lectores con la campaña «JAhr zur Wahrheit. Weil's stimmen muss», un

---

116 *The New York Times* 'Truth' Campaign Drives Digital Subscriptions: https://cutt.ly/UkpDz9n

juego de palabras que puede traducirse como «Año de la Verdad, porque tiene que ser verdad».

Mediante una campaña *cross media* (con presencia en televisión, radio, prensa e Internet) se cedió el protagonismo a los periodistas que, a través de sus experiencias, ponían de relieve su responsabilidad social. Este enfoque parte de una encuesta realizada a sus lectores en la que reclamaban una mayor transparencia por parte de los profesionales. «Con nuestra campaña, queremos dejar claro, especialmente en estos tiempos, que afrontamos nuestra responsabilidad con toda la fuerza. Nuestros periodistas trabajan todos los días para brindar a los lectores datos fiables y clasificar contextos. Por eso les damos voz y rostro con nuestra campaña», sentencia Julian Weiss, director de *marketing* de Mediengruppe RTL Deutschland, una de la cabeceras informativas del grupo[117].

Buzzfeed, por su parte, apostó por la producción de una serie documental de ocho capítulos de menos de 20 minutos para Netflix, en la que el portal estadounidense de noticias y contenidos virales explicaba su forma de entender el negocio y la profesión en sí misma. Llegó a acumular 65.000 millones de reproducciones de vídeo en Facebook y YouTube y consiguió unos beneficios de en torno a los 240 millones de euros.

Por su parte, Hearst UK continúa profundizando en la concesión de licencias de marca que le ayuden a diversificar sus fuentes de ingresos que, según el editor, se han ido duplicando anualmente. La colección de productos encaja con

---

117 Bertelsmann Content Alliance Campaigns For Quality Journalism: https://www.bertelsmann.com/corporate-responsibility/engagement /project/bertelsmann-content-alliance-campaigns-for-quality-journalism.jsp

el enfoque de *Esquire,* una marca de estilo de vida de lujo y no solo una revista. Durante la pandemia, Hearst lanzó una campaña de reconocimiento de marca[118] bajo el *claim* de «estamos juntos en esto, estamos aquí para ti», reconociendo su interés por apoyar a sus comunidades de lectores en diferentes ciudades de los EE. UU.

Uno de los retos de la transformación digital de los medios hacia los modelos de *reader revenue* consiste en consolidar sus atributos y valores en un entorno líquido. *The Wall Street Journal* aprovecha los eventos para obtener nuevos ingresos. Pero también tiene como función extender su marca a otros territorios. Journal House es un evento que se celebra durante varios días en una ciudad en donde acontezca algún acto de relevancia y en el que miembros de *The Wall Street Journal* dialogan (y en ocasiones cenan) con los asistentes, compartiendo información. Durante estas jornadas, el periódico se erige en un punto de encuentro para que grandes empresarios hagan *networking.* La campaña de *The Wall Street Journal,* «Read Yourself Better», tiene como objetivo promover el periodismo de calidad[119].

The Dallas Morning News lanzó su campaña «What Matters» en otoño del 2019. Combina la presencialidad y el alcance digital para lograr que los residentes locales evalúen los problemas que les interesan. El Grupo de Noticias del Área de la Bahía se asoció con Klay Thompson, un jugador de baloncesto de los Golden State Warriors y seguidor del *East Bay Time*s, para alentar a los lectores jóvenes a que reconocieran el periódico como una fuente de noticias

---

118 Hearst rolls out 30-day brand awareness campaign during lockdown: https://cutt.ly/jjrxfDT
119 *Wall Street Journal* 'Read Yourself Better' campaign aims to promote quality journalism: https://cutt.ly/Hjrxa75

auténtica (también crearon unas zapatillas de deporte de edición especial). Por su parte, la campaña de *Newsday*, «Supporting Local Journalism», presenta ba anuncios que se mostraban en televisión y en su sitio web, destacando a los periodistas de investigación que cuentan historias locales importantes: «Debemos intensificar y compartir con nuestros lectores, e incluso con nuestros críticos, el buen trabajo que se está haciendo en las redacciones de todo el país»[120].

Como afirma Evelyn Mateos, *editor* y *publisher* de *The Guardian*, «si no comunicamos la eficiencia y el poder del periodismo, ¿quién lo hará?». En una de sus últimas acciones publicitarias, el periódico británico llenó Berlín con 2000 cajas cuyo lema, «en caso de emergencia, rompa el vidrio», formaba parte de una llamativa campaña de *street marketing*. Las instalaciones invitaban a los transeúntes a romper literalmente el vidrio de emergencia con un pequeño martillo. Una vez roto, los lectores podían abrir la caja roja y tomar una copia de cortesía del *Guardian Weekly*.

Pero, en el intento por la construcción de marcas digitales, no todos pueden contar historias de éxito. El reposicionamiento de marca o la creación de una nueva no es tarea fácil. El caso más evidente, también en los EE. UU., fue la de *Tribune Publishing*. En junio de 2016, la compañía propietaria, entre otros, de *The Chicago Tribune* o *Los Angeles Times* pasó a llamarse *tronc Inc.* (con t minúscula), una abreviatura de «contenido en línea de *Tribune*». El cambio de nombre representaba un movimiento más profundo, que ambicionaba dejar de ser un editor tradicional de periódicos y

---

120 News Publishers are Sending a Message Through Powerful Marketing Campaigns: https://cutt.ly/Tjrxlu5

convertirse en una «empresa de curación de contenidos y monetización»' sin embargo la iniciativa no obtuvo el resultado deseado según los expertos[121].

Todos estos ejemplos ponen de manifiesto que la marca adquiere un valor fundamental como aglutinador reconocible de la misión y valores de la organización. No se trata por tanto de hacer un rediseño del logo o de cambio de nombre, hablamos de establecer una arquitectura de marcas que recoja el legado, para aquellas cabeceras con historia y trasmita la visión y valores de futuro compartidos con el resto de miembros. Una marca en la que tanto trabajadores como lectores actuales o potenciales se vean representados y quieran ser partícipes.

7. *Engagement* y participación
. . . .

Las comunidades se caracterizan porque sus miembros muestran un alto grado de fidelización, lealtad y de interacción entre ellos. En definitiva, se establece un compromiso entre los miembros de la comunidad (los lectores) y la marca que engloba a todos los que participan directa o indirectamente —lo que en el mundo digital se conoce por su nombre en inglés: *engagement*—.

Una parte fundamental de una comunidad es ese *engagement* que en las plataformas lo miden y gestionan los algoritmos. Siendo importante, lo verdaderamente crucial para las comunidades de interés es que, además de esa interacción a la que estamos acostumbrados cuando compartimos

---

121   Tribune Publishing's New Name, 'tronc,' Puzzles Marketing Experts: https://cutt.ly/Ijrxl7O

o señalamos «me gusta», exista una participación bidireccional. A diferencia de los algoritmos de las plataformas, las comunidades de interés si pueden escuchar realmente las demandas e intereses de los lectores.

Los periódicos han escuchado realmente poco a los lectores. Las cartas tradicionales al director son una anécdota si se compara con la avalancha de puntos de contactos a través de comentarios, mensajes en redes, etc., que reciben en la actualidad las organizaciones y los propios periodistas. Toda dedicación orientada a comprender a los lectores es poca si realmente se quieren conseguir comunidades participativas.

8. Estrategia de distribución

Aunque consideramos que el centro de la comunidad tiene que construirse a partir de nuestro sitio web, es evidente la necesidad de que nuestras marcas viajen por otros espacios para que puedan impactar en los potenciales lectores allá donde se encuentren. Las plataformas de doble cara[122] —dejemos de llamarlas redes sociales—, querámoslo o no, son el principal lugar de encuentro de los usuarios de Internet, y no parece que vaya a cambiar en un breve periodo de tiempo. Por ello, es necesario aprender a convivir con las mismas, buscar la forma de sacarles el mayor rédito posible en términos de alcance e intentar construir alianzas cuando se pueda.

122　En medios líquidos optamos por describir a las redes sociales como plataformas de doble cara, porque desde una perspectiva de negocio lo que las caracteriza es que a partir de su capacidad de integrar oferta y demanda opinen datos de los usuarios que monetizan a través de la segmentación publicitaria.

Si analizamos la transformación de la cadena de valor de la información de los últimos veinte años, el eslabón más disruptor se produjo en la distribución, que pasó a ser controlada por las plataformas. Como hemos comentado con anterioridad, los medios no supieron interpretar hasta qué punto la pérdida de control de la distribución a favor de las plataformas iba a impactar en el negocio.

Un escaso conocimiento de las nuevas reglas de la economía de la atención llevó a los editores a volcar sus contenidos de forma indiscriminada. Se analizará con el tiempo el favor que la figura del *community manager* le hizo a las plataformas en su crecimiento. Afortunadamente, en la actualidad, se piensa de una forma más estratégica. De nuevo la terminología es importante porque siempre denota intencionalidad. Por ello es relevante que en los medios más avanzados los nuevos perfiles encargados de la distribución se integren en áreas de crecimiento de audiencia (*growth audience*), distribución, entre otros.

Trabajar en espacios que no se controlan y que tienen intereses contrapuestos es cada vez más complejo. A título orientativo, se sabe que durante 2021 Facebook realizó cambios de su algoritmo prácticamente una vez al mes, con el correspondiente impacto de la visibilidad de las noticias que se comparten en la plataforma propiedad de Mark Zuckerberg. La construcción de comunidades, por tanto, pasa por tener en cuenta esto, siendo conscientes de la dificultad de trabajar en los espacios más allá del perímetro bajo su control directo, es decir, el sitio web, las aplicaciones o los boletines de noticias, entre otros.

La dependencia del tráfico proveniente de las plataformas es una realidad difícil de revertir a corto tiempo. Por lo tanto, hay que desarrollar estrategias que beneficien la generación de tráfico hacia nuestro sitio, sin perder el control de los contenidos y, por suspenso, de los lectores. Volcar los contenidos de forma indiferenciada e indiscriminada o la puesta en marcha de campañas de *clickbait* se ha demostrado que a la larga penalizan la credibilidad de la marca. Se puede impulsar la creación de una comunidad en las plataformas si se construye sustentada en criterios de valor mediante contenidos y acciones que lleven a la interacción.

The Economist fue uno de los primeros en afrontar un cambio de estrategia con respecto a las plataformas para reconducir a los usuarios de vuelta a su página web. El planteamiento es sencillo: para que los usuarios no consumieran el contenido fuera de sus propiedades, diseñaron una estrategia que dirigía el tráfico desde las plataformas a sus propias páginas, donde podían registrarse y, en última instancia, suscribirse. Para ello, aumentaron el equipo de distribución y la producción de contenidos específicos y adoptaron un enfoque más granular, en la forma en que se consume el contenido en las plataformas. Con anterioridad ponían su esfuerzo en compartir cuanto más contenido mejor, independientemente de su capacidad de generar interacciones que convirtieran en visitas a su sitio web. Ahora, el equipo de distribución personaliza el contenido para cada plataforma, adaptándolo a su audiencia. Para ello cuenta con la ayuda de otros departamentos como el de datos, gráficos, fotografía, vídeo y radio. En palabras de la compañía «el objetivo es mostrar mejor nuestro periodismo en las redes, reuniendo contenido y talento de toda la redacción y avanzar hacia una estrategia digital completamente integrada»[123].

---

123 How social media is powering The Economist's subscription growth: https://digiday.com/media/how-social-media-is-powering-the -economists-subscription-growth/

Otro error generalizado fue establecer como indicador de éxito el número de seguidores, lo que llevó a las cabeceras a una carrera desenfrenada por captar seguidores, dirigiendo muchas veces el tráfico de la cabecera a la red social en cuestión, justo lo contrario de lo que se debería haber hecho. Durante mucho tiempo fue más fácil visibilizar la llamada de «síguenos en Facebook» o «síguenos en Twitter» que cualquier otra llamada dirigida a retenerlo en el sitio. Con esto se estaba dirigiendo a los lectores fuera de «los dominios» en lugar de retenerlos. ¡Cuánto han contribuido los medios con su «inocencia digital» al éxito de las plataformas!

Por otra parte, las plataformas, conscientes de la necesidad de disponer de contenidos de valor que palien la desinformación, están explorando fórmulas de ayudas mediante programas de innovación y aceleración que permitan fortalecer su maltrecho negocio digital. Es evidente que las plataformas y medios están llamados a encontrar relaciones de entendimiento. Una simbiosis asimétrica, ciertamente en términos de negocio, pero de momento ineludible para ambas partes.

9. Alianzas

El negocio digital es complejo y cada vez más sofisticado y, como hemos visto, los medios han perdido la supremacía en la cadena de valor. Por tanto, están obligados a buscar nuevos aliados en cada uno de los eslabones. Dos aspectos hay que tener en cuenta en la cadena de valor digital: 1) la tecnología es una ventaja competitiva fundamental y 2) esta modifica sustancialmente el producto y altera la relación con el lector. Es decir, y a diferencia de la cadena de valor tradicional, los nuevos agentes son intermediarios que modifican o impactan sobre el producto y sobre el usuario final, por lo que adquieren un valor determinante. De esta manera, no se puede «contratar» a los distribuidores de las noticias como sucedía en el mundo del papel. Los nuevos distribuidores, los algoritmos, actúan sobre el producto, alterando la jerarquía informativa, al decidir cuándo y cómo verlo.

Por tanto, la relación con los nuevos intermediados no puede ser igual que la existente en la cadena de valor impresa. Lo mismo sucede con otras tecnologías en el caso de la publicidad programática[124], por ejemplo.

En un ecosistema tan variable y complejo, los medios tienen que buscar aliados, ya sea para incrementar audiencias, para la realización de coberturas conjuntas o para la distribución y monetización. Ahora más que nunca se consolida el concepto de competición-colaboración, ya que muchos de estos aliados compiten en la cadena de valor por la atención y por los datos de los mismos usuarios. Cobran relevancia, por tanto, aquellos equipos de desarrollo de negocio que sepan vislumbrar oportunidades a través de la negociación sin ser canibalizados.

Como hemos intentado analizar a lo largo de este libro, la transición cultural es una de las apuestas más importantes y complejas a las que se enfrenta el sector de los medios, no exenta de riesgos y barreras internas, y que resume a la perfección Gabriela Bolognese, *chief digital officer* de *Elmundo.es*: «He visto barreras de todos los tipos y colores a lo largo de los años, porque la resistencia al cambio es una reacción casi natural en el ser humano. Pero estoy convencida de que en todo proceso de cambio la clave está siempre en la alta dirección. Si una organización no cambia hay que mirar para arriba y entender por qué».

---

124 La publicidad programática es el modelo automatizado de compra-venta de publicidad digital.

VII
BREVES APUNTES SOBRE EL FUTURO

Como hemos insistido a lo largo de este libro, la transformación no es punto de llegada sino un proceso continuo. Por ese motivo consideramos que es vital establecer una cultura que permita a la organización adaptarse al entorno dinámico e incierto al que nos enfrentamos. Si los cambios tecnológicos que hemos conocido hasta ahora nos parecen disruptivos, tenemos que estar preparados para los que se avecinan. Son muchas las tecnologías de moda con posibilidades de convertirse realmente en disruptivas. Podemos citar algunas de las que ya están llamado a la puerta como es el caso de *blockchain*, los token no fungibles (*non fungible token o* NFT) o el metaverso. Pero resulta arriesgado y poco pragmático focalizarse en ellas cuando todavía la mayoría de empresas están en los primeros estadios de la transformación.

Pero merece la pena hacer referencia al impacto que empieza a observarse en las redacciones con la llegada de la inteligencia artificial. La irrupción de soluciones de inteligencia artificial (IA) para la creación de noticias será sin duda una de las tecnologías más disruptoras en un futuro no muy lejano. Lo que ha venido a denominarse «la automatización de las redacciones o el periodismo robot (*robot journaliam*)» que, para explicarlo de forma esquemática, se articula en torno a la idea de que el hecho de que los algoritmos puedan producir noticias, tendrá consecuencias imprevisibles en unos pocos años.

Su aplicación ahora es incipiente, y en esta primera fase en la que nos encontramos, los algoritmos son capaces de crear solo noticias básicas, por ello, de momento solo se puede considerar como una tecnología destinada a realizar el trabajo de nivel inferior, pero permite que los periodistas puedan centrarse en el periodismo de valor añadido. El mensaje de una parte del sector, a día de hoy, es que es imposible sustituir el olfato periodístico de los humanos por las máquinas, por lo que, según estos, no debería existir ninguna preocupación. Se puede decir que hasta cierto punto es cierto, al menos de momento según el informe de WAN-IFRA: «La realidad es que el denominado periodismo robótico está más o menos en el mismo punto que hace tres años». La IA, según este estudio, tiene un problema de exceso de expectativas y de foco mediático, en cambio, recomiendan aproximarse al proceso de automatización como una extensión lógica de la Revolución Industrial[125].

Los editores ven la IA como una manera de ofrecer experiencias más personalizadas y una vía para mejorar la eficiencia de la producción de noticias. «Para una sala de redacción pequeña, la automatización es necesaria», sostiene Helena Tell, editora en jefe de *Bärgslagsbladet* en Suecia. «Sabemos dónde desplegar nuestros recursos para hacer felices a nuestros lectores. Y si podemos utilizar la tecnología y la automatización para realizar las tareas tan bien como lo haríamos los periodistas, no hay duda de que eso es lo que deberíamos hacer»[126].

---

125 Report: News Automation – The rewards, risks and realities of 'machine journalism': https://wan-ifra.org/insight/report-news-automation-the -rewards-risks-and-realities-of-machine-journalism/
126 «For a local newsroom, automation is necessary»: https://www. unitedrobots.ai/resources/cases/for-a-local-newsroom-automation -is-necessary

En la actualidad, el uso de la sistematización en la generación de los contenidos automatizados está destinado a ahorrar esfuerzo periodístico, especialmente en las tareas repetitivas, al tiempo que permite aumentar el volumen de creación. La producción automatizada es, ante todo, una herramienta que ayuda a crear contenidos adicionales. El periodista, gracias a estas herramientas, puede centrarse en historias importantes mientras que los robots hacen tareas rutinarias y de bajo valor añadido. Pero es evidente que en pocos años hablaremos de un escenario completamente diferente. Los editores comparten una visión un tanto optimista sobre la robotización de las redacciones bajo el supuesto de que la IA ayudará a los periodistas a ser más eficientes, al reducir el tiempo que tienen que dedicar a tareas rutinarias y de poco valor añadido, de forma que dispondrán de más tiempo para buscar e informar sobre historias.

Por el contrario, muchos periodistas ven, en el mejor de los casos, que su trabajo será fiscalizado por los algoritmos y el *big data*, y en el peor, el riesgo de ser sustituidos por una máquina, más eficiente y barata. Ambos escenarios son plausibles y no es fácil vislumbrar si se impondrá un modelo frente al otro.

El futuro de la automatización pasa por la reformulación de muchos de los principios y procesos tradicionales del periodismo. Eso significa desgranar el trabajo periodístico en piezas informativas y microprocesos para saber qué puede automatizarse y qué tareas son inherentemente humanas.

Por otra parte, es indudable que la inteligencia artificial está empezando a mejorar los modelos de negocio. En concreto, en el ámbito suscripciones, donde se está consiguiendo una enorme optimización. Sophi es el nombre que el diario canadiense *Globe a Mail* ha designado para su robot inteligente, que además de administrar el muro de pago —más de 170.000 suscriptores en abril de 2021— también edita la página de inicio y tramita las ayudas para gestionar las redes sociales. Phillip Crawley, CEO del periódico canadiense, sostiene que gracias a la «subcontratación de un robot» capaz de editar la página de inicio y de gestionar las redes sociales, sus periodistas pueden dedicar más tiempo a buscar e informar sobre historias de interés. Han sido necesarios varios años y la participación de un equipo de cincuenta científicos de datos para desarrollar Sophi y así poder disponer de un sofisticado «muro de pago dinámico». En otras palabras, basándose en el contenido del artículo y la información del lector, Sophi propone si los artículos deben ser de libre acceso o estar detrás del muro de pago. En definitiva, según su máximo responsable, la máquina, como la denomina, «brinda herramientas de apoyo a la toma de decisiones para los editores»[127].

Los procesos automatizados actualmente tienen diferentes funciones y ventajas, como son el ahorro de tiempo y la optimización de recursos, entre otros. Pero también puede presentar algunos inconvenientes y riesgos si su incorporación a la redacción no se hace con la connivencia de los periodistas. De nuevo la comunicación de los objetivos y la evaluación de los resultados ayudarán a minimizar las barreras de implantación.

Como tantas veces, la tecnología *a priori* es agnóstica. El uso que se haga de ella y sus efectos dependen de un gran número de factores. Ello hace que sea necesario encontrar un modelo de negocio sostenible que permita encajar la automatización de los procesos sin que afecte a la calidad periodística que garantizan los redactores, sin duda el reto más trascendental para el sector que merece una reflexión en profundidad.

---

127 How a robot called Sophi helped Canada's Globe and Mail hit 170,000 digital subscribers - CEO interview https://pressgazette.co.uk/phillip-crawley-interview-globe-and-mail-canada/amp/

CONCLUSIONES

A lo largo de las páginas de este libro hemos querido poner de manifiesto los retos a los que se enfrentan los medios en su camino hacia la transformación digital y la transcendencia de acometer una transición de la cultura de las organizaciones para configurarse en comunidades de interés, y que podemos resumir en las siguientes conclusiones:

1. La pandemia ha afectado a todos los procesos y eslabones de la cadena de valor, estableciendo un antes y un después. Aunque la digitalización llevaba años transformando el diseño y distribución de las redacciones, los procesos y dinámicas de trabajo no lo habían hecho a la misma velocidad.
2. La función principal de un medio en la era digital es la creación de una comunidad de interés entendida ésta como un conjunto se audiencias con una visión común de los temas y asuntos que les interesan profundamente y que se articulan en torno a una marca informativa que aporta productos y servicios en diferentes soportes y canales, bajo el paraguas de una misión y unos valores compartidos.
3. El trabajo distribuido no presencial conlleva un nuevo liderazgo en el que pesa menos la autoridad.

Los líderes en este nuevo escenario están obligados a fomentar la colaboración, la transparencia y la comunicación.

4. Los *product managers* han pasado a ser una pieza fundamental en la gestión del cambio interno. El *product thinking* va a ser tan relevante que ha llegado a definirse como *the new journalism*.

5. Los equipos de ventas se han transformado en las últimas dos décadas, ofreciendo un rol más consultivo, multicanal y multimarca. Pero, al mismo tiempo, tendrán que ser más analíticos y depender cada vez más del reporte de datos a los clientes.

6. Se impondrán modelos organizativos más horizontales, con indicadores de desempeño orientados a la eficiencia. Del mismo modo, se establecerán proyectos de mejora y crecimiento profesional donde se fomenten las trayectorias de ascenso. La trasparencia será inevitable si se quiere retener el talento de la compañía.

7. El cambio cultural es la piezas fundamental en el proceso de adecuación al entorno digital. Los ejes para este cambio cultural son: a) revisar y alinear la misión y los valores con la estrategia digital; b) adaptar los procesos al nuevo ecosistema, c) potenciar la comunicación —tanto interna como externa—; d) repensar los KPI de éxito, orientándolos a satisfacer las demandas de las audiencias, y e) mejorar las acciones de reconocimiento de los equipos.

8. Se requiere un nuevo liderazgo sobre el que recaiga la responsabilidad de poner en marcha y llevar a buen puerto la transformación de la organización. Los lideres serán los inspiradores y promotores de la cultura de la compañía encargados de configurar los valores que constituyen las comunidades de interés.

9. Para esta transformación digital será fundamental el papel que jueguen los departamentos de recursos humanos que tendrán que acompañar a los equipos en este nuevo escenario. Estos tendrán que experimentar, también en primera persona, un proceso de transformación sin precedente, teniendo que convertirse en agencias internas del cambio.

10. Uno de los retos de la transformación digital de los medios hacia la creación de comunidades de interés consiste en consolidar sus atributos y valores en un entorno líquido. Las grandes cabeceras que han liderado la transformación digital han sabido transmitir, construir e impulsar sus atributos en el ámbito digital.